Dyma'r dystiola

Amaethyddiaeth yng Nghymru

1880 - 1920

gan
Hefin Mathias

CAA
CANOLFAN ASTUDIAETHAU ADDYSG
ABERYSTWYTH

Cyhoeddwyd gan Y Ganolfan Astudiaethau Addysg, Prifysgol Cymru, Yr Hen Goleg, Aberystwyth, Ceredigion SY23 2AX.

Golygwyd gan Colin Isaac

Dyluniwyd y clawr gan Enfys Beynon Jenkins

Cysodwyd y cynnwys gan Y Ganolfan Astudiaethau Addysg

Cydnabyddiaeth
Dymunir diolch i bawb am eu caniatâd i gynnwys lluniau a thestun. Os na lwyddwyd i gysylltu â pherchennog hawlfraint llun neu destun fe wahoddir y perchenogion hynny i gysylltu â'r Ganolfan Astudiaethau Addysg. Gellir cynnwys y wybodaeth honno o fewn yr argraffiad nesaf. Er ein bod o'r farn fod y wybodaeth a gynhwysir o fewn y llyfryn hwn yn gywir wrth iddo fynd i'r wasg, ni all yr awduron na'r cyhoeddwr fod yn gyfreithiol gyfrifol am unrhyw gamgymeriadau neu ddeunydd a hepgorwyd o'r cyhoeddiad.

Argraffwyd gan Argraffwyr Cambria, Aberystwyth

ISBN 1 85644 390 6

AMAETHYDDIAETH yng NGHYMRU 1880 - 1920

Mae trydydd chwarter y bedwaredd ganrif ar bymtheg yn cael ei gofio fel cyfnod 'Y Dirwasgiad Mawr'. Yn y byd amaethyddol cafwyd cwymp mewn prisiau a achosodd gyni a chaledi mawr. Y rheswm dros hyn oedd y dylifiad o fwydydd a fewnforiwyd i wledydd Prydain o'r saithdegau ymlaen. Fe'u mewnforiwyd o wledydd y Byd Newydd, er enghraifft yr Unol Daleithiau ac Ariannin, ac o'r trefedigaethau gwyn fel Awstralia a Seland Newydd – gwledydd a allai werthu bwyd yn rhatach na gwledydd Prydain. Yng Nghymru fe ddwysaodd y dirwasgiad y tensiynau rhwng landlord a thenant. Rhwng 1886 ac 1889 cafwyd cyffro amaethyddol yn Nyffryn Clwyd, sef 'Rhyfel y Degwm', ac fe ledodd am gyfnod i rannau eraill o'r Gymru wledig. Canlyniad hyn oedd sefydlu Comisiwn Brenhinol i ymchwilio i gyflwr y tir yng Nghymru, comisiwn a barhaodd o 1893 hyd 1896.

Erbyn diwedd y Rhyfel Byd Cyntaf roedd newid sylfaenol wedi digwydd yng nghefn gwlad Cymru:

- Diboblogi: cynyddodd hyn yn aruthrol yn ystod y cyfnod 1880-1920 gan ledu fwyfwy y bwlch rhwng y Gymru wledig a'r Gymru ddiwydiannol.

- 'Y Chwyldro Gwyrdd': sef chwalu'r stadau tirfeddiannol mawr, gan alluogi i filoedd o denantiaid Cymru brynu eu daliadau. Cyrhaeddodd hyn ei anterth tua diwedd y cyfnod dan sylw.

- Cynnydd mewn amaethyddiaeth fugeiliol a lleihad mewn amaethyddiaeth âr.

Yn y llyfr hwn byddwn yn ymdrin â'r themâu canlynol:

ADRAN A
TIRFEDDIANWYR

1. Ar ddechrau'r cyfnod hwn roedd tir Cymru bron yn gyfan gwbl yn nwylo'r tirfeddianwyr.

(a) Ac eithrio'r tir diffaith, roedd Cymru a Sir Fynwy wedi eu rhannu ymhlith perchenogion gwahanol, fel y dangosir yn y tabl canlynol:

Perchenogion	Nifer	Arwynebedd (1,000 o erwau)	Nifer %	Arwynebedd %
Arglwyddi	31	557.4	0.053	13.52
Tirfeddianwyr mawr	148	1,263.1	0.253	30.64
Ysweiniaid	392	672.3	0.673	16.30
Uwchiwmyn	1,224	612.0	2.098	14.84
Is-iwmyn	2,932	498.4	5.026	12.09
Mân berchenogion	17,289	431.8	29.639	10.47
Tyddynwyr	35,592	7.3	61.010	0.17
Cyrff cyhoeddus	732	79.7	1.239	1.93
Cyfanswm	58,331	4,122.0	100.	100*

* I'r rhif agosaf

(*The Great Landowners of Great Britain and Ireland*, John Bateman, 1883)

Mae'r ffigurau hyn yn dangos mai gwlad o stadau mawrion ym meddiant nifer bychan o dirfeddianwyr oedd Cymru gan mwyaf. Hawliai stadau o dros 1,000 o erwau 60% o holl arwynebedd y dywysogaeth. Roedd y crynhoi tir hwn yn fwy trawiadol yng Nghymru nag yn Lloegr, lle roedd stadau o dros 1,000 o erwau yn gorchuddio 53.5% o'r holl arwynebedd. Roedd stadau Cymreig o dros 1,000 o erwau yn nwylo 571 o berchenogion, a gynrychiolai 1% yn unig o'r cyfanswm cyffredinol. O fewn y categori hwn gorchuddiai stadau'r ysweiniaid o rhwng 1,000 a 3,000 o erwau 16% o'r holl arwynebedd; a'r stadau dros 3,000 o erwau ym meddiant y tirfeddianwyr mawr, 44%. Gorchuddiai stadau llai o rhwng 100 a 1,000 o erwau 27% o'r holl arwynebedd a'u perchenogion oedd dosbarth o iwmyn a gynrychiolai 7% o'r tirfeddianwyr. Yn berchen tir o rhwng 1 a 100 o erwau oedd dosbarth niferus o fân berchenogion a gynrychiolai 29% o'r perchenogion ac a ddaliai 10% o'r tir. Gorchuddiai rhydd-ddaliadau 0.17% yn unig o'r tir ond cynrychiolai eu perchenogion, y tyddynwyr, 61% o'r holl berchenogion. Rhyngddyn nhw felly cynrychiolai'r mân berchenogion a'r tyddynwyr dros 75% o'r tirfeddianwyr gan fod yn berchen 10% yn unig o'r tir...

Roedd y ganran o'r holl arwynebedd tir (ar wahân i'r tir diffaith) ym mhob sir a gynrychiolwyd gan stadau o dros 3,000 o erwau fel a ganlyn:

Sir	**Canran**
Caernarfon	67
Môn	61
Morgannwg	55
Meirionnydd	48
Fflint	45
Dinbych	43
Mynwy	43
Brycheiniog	42
Trefaldwyn	40
Penfro	38
Maesyfed	37
Aberteifi	36
Caerfyrddin	34
Cyfartaledd Cymru gyfan	**44**

(*The Great Landowners of Great Britain and Ireland,* J. Bateman)

Lleolwyd y rhan fwyaf o'r stadau hyn yn y gogledd-orllewin ac ym Morgannwg. Roedden nhw ar eu mwyaf prin yn y de-orllewin ac yn Sir Faesyfed. Roedd deuparth o siroedd Gogledd Cymru uwchben y cyfartaledd cyffredinol o 44%...

Yn Siroedd Caernarfon a Meirionnydd roedd stadau mawr iawn, gyda llawer o'u harwynebedd yn cynnwys llwybrau defaid. Roedd hanner Sir Gaernarfon, ac eithrio'r tir diffaith, ym meddiant chwe thirfeddiannwr a oedd yn berchen dros 25,000 o erwau o dir ar gyfartaledd. Yn yr un modd roedd 40% o Sir Feirionnydd yn nwylo pum perchennog a oedd yn berchen stadau o tua 24,000 o erwau o dir ar gyfartaledd. Ar y llaw arall, nid oedd un stad dros 10,000 o erwau yn Sir Fflint. Roedd Sir Gaerfyrddin hefyd yn nelltuol brin o ddarnau tiriogaethol mawr o dir.

(*Land and People in Nineteenth Century Wales*, D.W. Howell, tud. 20-2)

(b)

Teuluoedd Talbot, Margam a Llewelyn, Penlle'r-gaer allan gyda'i gilydd
(*Cymru – Oes Victoria ac Edward VII o Hen Ffotograffau*, E.D. Jones, llun 3)

(c)

Teulu Gulston, Dirleton, Sir Gaerfyrddin
(*Cymru – Oes Victoria ac Edward VII o Hen Ffotograffau*, E.D. Jones, llun 6)

(ch)

Sir	Cyfanswm yr Erwau	Arglwyddi		Tirfeddianwyr Mawr		Ysweiniaid		Uwchiwmyn		Is-iwmyn		Mân berchenogion		Tyddynwyr		Cyrff cyhoeddus		Tir diffaith		Cyfanswm	
		*A	B	A	B	A	B	A	B	A	B	A	B	A	B	A	B	A	B	A	B
Môn	175,836	3	31,339	8	66,175	6	10,200	31	15,500	86	14,620	955	20,421	3,015	234	37	3,447	-	5,678	4,141	167,614
Brycheiniog	475,224	1	21,722	10	106,029	34	57,800	97	48,500	237	40,290	796	25,001	1,195	248	44	2,648	-	115,106	2,414	417,344
Aberteifi	440,630	1	42,890	8	96,909	48	81,600	110	55,000	304	51,680	1,553	61,230	1,278	287	14	2,090	-	6,971	3,316	398,657
Caerfyrddin	587,816	2	48,745	13	124,830	50	85,000	198	99,000	497	84,490	2,093	62,689	5,168	2,286	45	3,534	-	18,077	8,066	528,651
Caernarfon	361,097	4	102,470	10	100,861	19	32,300	42	21,000	96	16,320	1,407	23,527	4,610	373	52	4,382	-	14,563	6,240	315,796
Dinbych	423,477	0	20,812	16	130,165	38	64,600	106	53,000	254	43,180	1,773	31,436	3,436	721	85	4,503	-	18,812	5,708	367,229
Fflint	164,050	3	25,416	5	39,113	9	15,300	44	22,000	111	18,870	1,225	15,179	2,048	562	65	5,847	-	4,312	3,510	146,599
Morgannwg	516,959	6	84,549	19	149,830	36	61,200	106	53,000	210	35,700	1,373	29,184	6,570	685	106	14,238	-	47,018	8,426	475,404
Meirionnydd	427,810	0	161,684	12	128, 593	37	68,800	96	48,000	135	22,950	346	14,244	1,044	212	25	3,174	-	416	1,695	448,073
Trefaldwyn	510,111	2	61,070	9	86,587	42	71,400	128	64,000	280	47,600	1,418	43,956	1,314	262	48	5,510	-	6,956	3,241	387,341
Penfro	395,151	2	24,522	19	109,495	41	69,700	130	65,000	263	44,710	1,134	29,483	492	278	40	12,511	-	12,260	2,121	367,959
Maesyfed	301,164	2	15,572	11	62,119	18	30,600	65	32,500	203	34,510	850	28,446	452	90	41	3,557	-	77,799	1,642	285,193
Mynwy	341,688	5	61,632	8	62,417	14	23,800	71	35,500	256	43,520	2,366	46,963	4,970	1,082	121	14,283	-	7,594	7,811	296,791
CYFANSWM	5,121,013	31	702,423	148	1,263,123	392	672,300	1,224	612,000	2,932	498,440	17,289	431,759	35,592	7,320	723	79,724	-	335,569	58,331	4,602,651

***A = Nifer y perchenogion B = Erwau**

(*Royal Commission on Land in Wales and Monmouthshire*, *1896*, tud. 244)

2. **Bodolai bwlch mawr rhwng y tirfeddianwyr a gweddill y gymdeithas wledig. Ychwanegwyd at y bwlch economaidd gan wahaniaethau ieithyddol, crefyddol a chymdeithasol. Ffurfiai'r bonedd ddosbarth llywodraethol clòs, gan arddel yr un iaith,. sef Saesneg yn hytrach na Chymraeg, yr un grefydd, sef Anglicaniaeth yn hytrach nag Anghydffurfiaeth, a'r un patrymau cymdeithasol a'u cadwai ar wahân i'w tenantiaid. Roedd y bwlch hwn yn creu llawer o ddrwgdeimlad: e.e. rhwng 1839 ac 1844 cafwyd Terfysgoedd Beca, ac yn sgil Etholiad 1868 cafodd nifer o ffermwyr eu troi allan o'u daliadau am iddyn nhw bleidleisio'n groes i'w meistri tir. Arweiniodd hyn at ymgyrch ymhlith arweinwyr y werin Gymreig yn erbyn llywodraeth y dosbarth tirfeddiannol. Yn y pulpud, yn y wasg ac ar y llwyfan gwleidyddol gwelwyd ymgais fwriadol i ddiddymu'r tirfeddianwyr, ac fe ddaeth hyn yn rhan annatod o apêl y Blaid Ryddfrydol yng Nghymru.**

Pa mor real oedd camwri'r bonedd Cymreig? Yn y dystiolaeth ganlynol ceir esiamplau o'r gwahaniaeth barn ynglŷn â llywodraeth y bonedd.

(a) Fel y gwn i amdano, nid oedd yr Yswain Cymreig ar y cyfan yn ariannog, er bod rhai tirfeddianwyr cyfoethog a chanddyn nhw deitlau i'w cael yng Nghymru yn eistedd naill ai yn Nhŷ'r Arglwyddi neu yn cael eu hethol fel rheol i gynrychioli eu hetholaethau yn Nhŷ'r Cyffredin. Mae fy niffiniad i o'r term yn fwy addas i ddisgrifio'r dosbarth hwnnw o dirfeddianwyr preswyl yn Ne Cymru gydag enillion blynyddol o rhwng £2,000 a £3,000, a'r stadau hynny a gynhyrchai rent blynyddol o rhwng £1,000 a £5,000...

Yn fy marn i, mae tri chymhwyster yn ofynnol i ddal statws yswain. Yn gyntaf mae'n rhaid bod ganddo blasdy; yn ail mae'n rhaid i'r plasdy fod â fferm ynghlwm wrtho; ac yn drydydd mae'n rhaid cael stad, beth bynnag fo'i maint, fel bod yno denantiaid i berchennog y plasdy.

Hyd at ryw ddeugain mlynedd yn ôl y bonedd oedd gwir lywodraethwyr cefn gwlad. Nhw a ddehonglai'r gyfraith yn y Cwrt Bach, a nhw oedd yn gyfrifol am lywodraeth leol yn y Llys Chwarter. Roedden nhw'n ddosbarth llywodraethol mewn gwirionedd ac, ar yr ochr gymdeithasol, fe rannai gwragedd a merched a mamau'r ustusiaid hyn eu llywodraeth. Mae grym pell-gyrhaeddol y bonedd Cymreig bellach yn chwilfriw neu, yn hytrach, fe'i rhoddwyd o'r neilltu. Rhoddodd Deddf y Cynghorau Sir yn 1887 (a oedd gyda llaw yn fesur o eiddo Llywodraeth Doriaidd) ergyd farwol i'r holl ddosbarth yng Nghymru. O hynny ymlaen gosodwyd yr holl faterion a oedd yn ymwneud â llywodraeth leol yn nwylo cyrff etholedig democrataidd, a bu'n rhaid i hyd yn oed oruchwyliaeth yr heddlu sirol gael ei rhannu â'r Cyngor Sir. Cwblhawyd y broses drwy basio Deddf y Cynghorau Plwyf rai blynyddoedd wedyn...

O'r ysweiniaid sy'n dal i oroesi heddiw, ychydig yn unig sy'n dal i eistedd ar y Meinciau lleol. Mae'r mwyafrif o'r Meinciau hyn bellach yn cynnwys aelodau *ex officio* fel rheol (Cadeiryddion y Cynghorau Dosbarth Gwledig, Meiri lleol a.y.b.) ynghyd â masnachwyr llwyddiannus a phroffidwyr ac ychydig o ffermwyr. Felly mae statws yr ysweiniaeth, a oedd mor rymus ar un adeg, wedi ei leihau'n arw. Rhoddodd trychineb y Rhyfel Mawr yr hoelen olaf yn ei harch. Oherwydd gostyngiad mewn incwm a threthi trwm, rhoddwyd eu tir ar werth; gwerthwyd neu ymadawyd â stadau; ac mae rhai o'r ysweiniaid hynny sy'n dal ar ôl wedi mynd ati i drin eu ffermydd eu hunain.

(*The South Wales Squires*, Herbert M. Vaughan, tud. 3-5)

(b) LANDLORDIAETH

I ffwrdd o'r drws y cerpyn brwnt,
Neu mi dy droedia'r filain
Tyr'd "Nero," gyra di e' hwnt,-
Mae'r diawl yn farw gelain.

Pwy yw perchen y ddaear, ac ar ba amodau y mae dyn i gael byw ar ei gwyneb, yw dadl fawr y dyddiau hyn. Dysgwyd ni o'r cryd i gredu fod pob modfedd o'r ddaear yn perthyn i ryw lordyn, ac nad oes hawl gan ddyn tlawd i osod troed ar ei gwyneb heb ganiatâd, a drwy fod oesoedd wedi rhoddi sêl eu cymeradwyaeth wrth y syniad, gwaith anhawdd fydd deffro y Cymry a'u codi i edrych y cwestiwn yn deg yn ei wyneb. Byddai dadleuon a rhyfeloedd yr hen fyd a'r hen oesoedd yn troi o gylch personau a theuluoedd, – Cyrus, Cesar, Brutus, Helen, Lancaster, York; a phan fyddai farw un blaenor, neu fyned o'r ddau yn gyfeillion, darfyddai yr ymryson. Ond nid yw y ddadl hon yn troi o gylch person na theulu, eithr o gylch *hawliau dyn* fel creadur, – "*Rights of Man.*" A oes gan ddyn hawl i fyw ar wyneb y ddaear? Os oes, ym mha le? Ac ar ba amodau? Os nad oes, paham yr anfonwyd ni yma? Edrychir yn amheus ar y fam a roddo enedigaeth i blentyn, os heb ddarparu dim ar ei gyfer. Pe prynai dinesydd Prydeinig anifeiliaid heb ganddo le i'w cadw, nac ymborth i'w cynal, ca'i wybod yn fuan fod cyfreithiau Prydain Gristionogol yn cosbi am y fath greulondeb. Ond y mae gan Dduw leng o greaduriaid dynol heb le i osod i lawr wadn eu troed, na lle i gael tamaid...

(*Traethawd ar Ormes Landlordiaeth*, E. Pan Jones)

(c) Ers cyfnod fy machgendod rwyf wedi dod i gredu'n gryf fod angen i'r system sy'n rheoli'r modd y caiff y tir ei drin yng Nghymru gael ei diwygio'n drylwyr...

Yng Nghymru, fel ym mhob gwlad arall, mae'r berthynas rhwng y perchennog tir (neu'r un sy'n derbyn y rhent) a'r un sy'n trin y tir yn siŵr o ddylanwadu ar, os nad reoli, holl drefn cymdeithas. Mae twf a datblygiad aruthrol y Gymru ddiwydiannol wedi newid cryn dipyn ar y dylanwad sydd gan y perchenogion tir a'r system o ddal tir yng Nghymru ar fywyd a thynged y genedl Gymreig. Fodd bynnag, mae'r dylanwad yn parhau i fod yn un sylweddol ac mae hawl gennym i osod rhai meini prawf ar effeithiolrwydd a doethineb y system dir bresennol yng Nghymru, ac fe gynigiaf, gyda'ch caniatâd chi, bum maen prawf. Yn gyntaf: A yw'r system wedi ei bwriadu i greu tenantiaid a thyddynwyr hunanbarchus a all feddwl, siarad, gweithredu ac uno â'i gilydd fel dynion rhydd? Yn ail: A yw'n meithrin holl botensial y pridd gan sicrhau tâl teilwng i'r rhai sy'n trin y tir – am eu medrau, eu buddsoddiad a'u llafur? Yn drydydd: A yw'n gyfrwng i ganiatáu cynifer ag sy'n bosibl o deuluoedd i fyw ac i ffynnu ar y tir? Yn bedwerydd: A yw'n diogelu er y lles cyffredinol, y defnyddiwr a chyllid y tir cyhoeddus neu gyffredin? Yn bumed: A gaiff y rhent neu'r gorged a gynhyrchir dros ben yr hyn sydd ei angen i fwydo, dilladu, cynnal ac addysgu'r rhai sy'n trin y tir ei wario'n ddoeth er lles y gymuned yng Nghymru? Rwyf o'r farn fod y system dir yng Nghymru, yng ngoleuni'r meini prawf hyn, yn destun condemniad. Mae'r ateb i gwestiwn 1 a 2 yn y negyddol, a hynny yn bennaf oherwydd ansicrwydd deiliadaeth a ddaw yn sgil tenantiaeth wrth ewyllys (*'tenancies-at-will'*). Mae'r ateb i gwestiwn 3 a 4 yn y negyddol oherwydd yr amgáu tiroedd a wnaed, naill ai drwy neu heb Ddeddf Seneddol, oherwydd crynhoi daliadau ac oherwydd i'r system fanorol gael ei phatrymu ar hen ddeiliadaethau Celtaidd Cymru. Mae'r ateb i gwestiwn 5 yn y negyddol, a hynny yn bennaf oherwydd y gwahaniaethau mewn amcanion a delfrydau crefyddol, cymdeithasol, gwleidyddol a chenedlaethol rhwng y rhai sy'n derbyn y rhenti a'r rhai sy'n trin y tir yng Nghymru. Credaf mai ansicrwydd deiliadaeth yw'r drwg mwyaf a gwaethaf – y gwaethaf ar gyfer hawliau sifil a dyletswyddau'r werin a'r gwaethaf ar gyfer amaethu da yng Nghymru.

(*Royal Commission on Land in Wales and Monmouthshire, Minutes of Evidence, Cyfrol I*, Tystiolaeth Mr T.E. Ellis, tud. 784-785)

(ch) Y Gyfathrach rhwng Tirfeddianwyr a Thenantiaid

Does yr un denantiaeth yn y byd wedi dangos cymaint o ymlyniad wrth y tirfeddianwyr. Yr enw cyffredin am dirfeddiannwr yw "mishtir" sy'n dangos y berthynas bersonol glòs a fodolai ar un adeg rhwng y tirfeddiannwr a'i denant, perthynas nad anghofiodd y tenant fyth mohoni hyd yn oed yn awr.

Mae'r tirfeddiannwr yn byw yn ei fyd bach ei hun a phrin y daw i gysylltiad â'i denantiaid. Fe wêl y tenantiaid ef fel gŵr gwahanol iddyn nhw mewn crefydd, gwleidyddiaeth, arferion, dulliau byw ac iaith. Yn Lloegr ystyrir yr yswain fel Sais nodweddiadol; ond yng Nghymru dieithryn yw, sydd â chysylltiadau prin â'r tenantiaid, ar wahân i'r adeg pan gaiff y rhent ei archwilio. Mae'r holl denantiaid yn hynod grefyddol ac maent yn driw i'w defosiynau yn ystod yr wythnos yn ogystal ag ar y Sul. Ni fydd y tirfeddiannwr byth yn ymuno â nhw yn y gwasanaethau hyn. Prin y gwelais dirfeddiannwr yn sylwi ar weinidog Anghydffurfiol, arweinydd ffermwyr y plwyf; ni welais yr un yn tywyllu drws capel; ac ni chlywais am un yn mynychu cyfarfod gweddi. Credaf fod y weithred o dirfeddiannwr a thenant yn cydaddoli â'i gilydd yn fater o'r pwys mwyaf wrth hybu cydberthynas dda a chyd-ddealltwriaeth. Byddai tirfeddiannwr a welai ei denantiaid unwaith neu ddwywaith yr wythnos mewn capel neu eglwys yn llai tebygol o'u trin yn annheg; a byddai crefydd gyffredin yn gyfrwng i hybu undod budd ac ymdeimlad. Caiff y tenantiaid fwynhad mewn cyfarfodydd cerddorol a llenyddol a gynhelir trwy gyfrwng yr iaith Gymraeg. Prin y gwelir y tirfeddiannwr yn bresennol yn un o'r rhain, ac ni fydd byth yn cymryd unrhyw ddiddordeb yn niddordebau neu adloniant ei denantiaid. Ambell waith, serch hynny, fe ellir gweld tirfeddianwyr mewn cystadlaethau aredig a bron bob amser mewn cystadlaethau rasys ceffylau. Yn yr achosion hynny lle mae'r tirfeddiannwr yn medru siarad Cymraeg, Cymraeg carbwl ydyw bob tro, a phan fo'n siarad â'i denantiaid fe wnaiff bwynt o ddefnyddio'r ail berson unigol er mwyn pwysleisio, rwy'n cymryd, ei fod yn ymostwng wrth iddo ddefnyddio'r iaith sathredig. Tuedda hyn i beri i'r tenant ddwyn anfri ar ei iaith ef ei hun, sydd yn fy marn i yn un o'i drysorau pennaf, gan achosi iddo golli ei hunanbarch ac unplygrwydd ei gymeriad. Dechreua amau ei hun a phob dim sydd yn Gymreig, dim ond oherwydd eu bod yn Gymreig. Mae'r tirfeddiannwr yn aml mor ddieithr o ran sentiment, iaith a hyd yn oed personoliaeth, fel na ellir mynd ato ond drwy gyfryngwr.

(*Royal Commission on Land in Wales and Monmouthshire, Minutes of Evidence, Cyfrol III*, Tystiolaeth Mr W.Ll. Williams, tud. 62-63)

(d) O fewn ei derfynau lleolwyd rhwng deugain a hanner cant o blasdai, a oedd mewn cysylltiad agos â'i gilydd. Y ddolen gyswllt rhyngddynt oedd Helfa Glannau Teifi (*Tivyside Foxhounds*) a Chlwb Tennis Lawnt Castell Newydd Emlyn, sydd hanner ffordd rhwng Llandysul ac Aberteifi gan gynnig man cyfarfod cyfleus. Ar y lawntiau cysgodlyd ger yr afon Teifi byddai bonedd Glannau Teifi yn ymgynnull bob dydd Mawrth drwy gydol misoedd yr haf i chwarae tennis a *croquet* ac i hel straeon, i yfed te, i lygadu ei gilydd, i gweryla ac yn gyffredinol i arddangos eu hunain. Clwb dethol a oedd yn gyfyngedig i'r bonedd a'u ffrindiau a oedd yn ymweld â nhw oedd hwn. Yn ystod y gaeaf byddai dawns yn cael ei chynnal yn ystafelloedd tywyll hen westy'r *Salutation* ac yn achlysurol trefnid dawns fawreddog yn Aberteifi, pan ddefnyddid ystafell fawr yng nghefn y 'Llew Du'. Y teuluoedd amlycaf yn y clwb a noddai ei ddiddanwch oedd y teulu Lloyd o Bronwydd, Lewes o Lysnewydd, Fitzwilliam o'r Cilgwyn, Jones o Benylan, Colby o'r Ffynnon, Saunders-Davies o'r Pentre, Brigstoke o Flaenpant, Gower o Gastell Malgwyn a Bowen o Lwyngwair...

Ond y brif ddolen gyswllt yn yr ardal helaeth hon oedd Helfa Glannau Teifi. Roedd hon gyda'r helfeydd hynaf yn y deyrnas gan iddi gael ei sefydlu tua diwedd y ddeunawfed ganrif, ac roedd ei sylfeini mor gryf fel na allai ond y Rhyfel Mawr achosi ei diddymiad yn y pen draw...

(*The South Wales Squires*, Herbert M. Vaughan, tud. 40)

(dd) Byddai meibion yr hen fonedd fel arfer yn ymuno â'r Fyddin, y Llynges, yr Eglwys a'r Bar. O'r holl alwedigaethau hyn y Fyddin oedd yr un mwyaf poblogaidd o ddigon, ac roedd llawer o deuluoedd sirol Cymreig yn ymfalchïo'n haeddiannol yn eu cysylltiad hir â gwasanaeth milwrol. Mewn plasdai Cymreig y ganed ac y maged rhai o'n swyddogion Prydeinig gorau, o gyfnod Syr Thomas Picton ymlaen.Y gatrawd a ddenai'r darpar-filwr Cymreig fwyaf y dyddiau hynny oedd, wrth gwrs, y Ffiwsilwyr Cymreig, yr hen 23ain, a arferai gael ei lleoli yng Nghaerfyrddin gan gadw ei lliwiau yn Eglwys Sant Pedr ac a oedd tan ganol y ganrif ddiwethaf yr unig gatrawd a oedd yn gysylltiedig â Chymru yn unig...

(*The South Wales Squires*, Herbert M. Vaughan, tud. 53)

(e) Mewn oes a roddai gymaint o fri ar hybu unigolyddiaeth byddai unrhyw grŵp o foneddigion cefn gwlad yn cynnwys unigolion a chanddynt amrywiaeth helaeth o agweddau moesol a chymdeithasol. Yng nghanol y bedwaredd ganrif ar bymtheg hoffai'r wasg i ni gredu fod y mwyafrif o'r boneddigion yn llawn o'r trachwant a'r hunanoldeb hwnnw a briodolodd Thackeray i'r drwg enwog Syr Pitt Crawley. Er gwaethaf hynny, roedd nifer o'r ysweiniaid â chyfran deg o drugaredd a dyngarwch. Er bod amrywiaeth helaeth yn eu daliadau moesol a chymdeithasol, roedd yr ysgwieriaeth i bob pwrpas yn unedig yn eu hargyhoeddiad o gysegredigrwydd yr eglwys a'r wladwriaeth a'r system ddosbarth. Roedden nhw hefyd yn unfrydol yn eu hagwedd at hela; erbyn diwedd y ddeunawfed ganrif dyma oedd eu prif weithgaredd a'u braint ddethol nhw yn unig...

Fel ei gyfoeswr Seisnig, roedd hela'n obsesiwn i'r yswain Cymreig. Tua diwedd y ddeunawfed ganrif roedd hela'n hawlio'r rhan fwyaf o'i amser hamdden a'r unig gyfyngiad ar y saethu oedd prinder cymharol fffesantau yn y wlad ar y pryd. Ymhlith y paciau lleol niferus o gŵn hela llwynogod yn Sir Aberteifi, Helfa Gogerddan oedd yr un bwysicaf yn y gogledd, ac yn y de rhoddwyd adnewyddiad i Helfa Glannau Teifi gan y Capten Lewes o Lanllyr yn ystod y degawd wedi 1815...

Fel ei gyfoedion yng ngweddill Prydain, credai'r yswain o Geredigion fod ganddo hawl gysegredig i ladd gêm. O ganlyniad, cafwyd brwydr barhaus rhwng ei giperiaid a'r fyddin gynyddol o botsieriaid a fyddai'n crwydro'n llechwraidd drwy gefn gwlad gyda rhwyd a thrap...

Roedd y gymdeithas yn dioddef o dlodi creulon a diffyg maeth tymhorol, felly roedd potsio ar raddfa fawr ymysg y gweision fferm a'r tyddynwyr. Yn ôl pob tebyg gallai nifer o dirfeddianwyr ddygymod â hynny. Byddai'r ffermwyr yn cael eu cynddeiriogi am fod eu cnydau'n cael eu haberthu er mwyn diogelu gêm a byddent yn aml yn ymuno â'r potsiar yn ei waith. Yn sicr, roedd diogelu gêm nid yn unig yn rhwystro cynnydd amaethyddol ond hefyd yn ychwanegu at y pwysau ar y gymdeithas wledig. Felly, bu'r Deddfau Gêm yn bynciau llosg gwleidyddol yn ystod degawdau olaf y bedwaredd ganrif ar bymtheg.

(*The Gentry and the County in Nineteenth Century Cardiganshire*, R.J. Colyer yn *Welsh History Review, Cyfrol X*, tud. 508-5)

(f) Ers cenhedlaeth dda, bellach, y mae perchennog presennol stad Rhydodyn, y rhannau sydd ar ôl ohoni, y Syr James Williams Drummond diweddaraf, ar ei drafel yn rhywle, heb unrhyw gysylltiad rhyngddo â'i ddeiliaid, namyn derbyn rhenti; a llawr parlyrau'r hen blas yn tyfu caws llyffaint dan ofal Pwyliaid...

Ar wahân i'r ffaith eu bod yn landlordiaid digon caredig fel y mwyafrif o'u dosbarth, darfu am wasanaeth hen deulu Rhydodyn i'r bywyd a'r gymdeithas o'u cwmpas pan ddarfu'r Gymraeg ar eu min. Ac o gofio swyddogaeth uchelwyr Cymru gynt fel noddwyr ac amddiffynwyr bywyd y genedl yn ei gyflawnder, a'i hiaith a'i diwylliant, ei threftadaeth ddrutaf, yn anad dim – a fu mewn gwlad erioed arweinwyr mwy diffrwyth a chibddall na disgynyddion y rhain yng Nghymru, o gyfnod y Tuduriaid ymlaen? Gyda rhai eithriadau prin, anghofiasant bopeth am Gymru, ond eu stadau. Dyma, gellid barnu, brif effaith a dylanwad y teyrnedd Cymreig galluog hynny o orsedd Lloegr ar fywyd Cymru – gwneud Cwislingiaid o arweinwyr naturiol y bobl.

(*Hen Dŷ Ffarm*, D.J. Williams, tud. 62-63)

(ff) Drwy roi'r gorau i'w hiaith frodorol yn ystod y ganrif ddiwethaf y cyfan roedd y bonedd Cymreig yn ei wneud oedd cydymffurfio â'r broses o uno a oedd ar waith drwy'r deyrnas gyfan. Roedd Cernyw wedi bod trwy'r un profiad yn yr unfed ganrif ar bymtheg a'r ail ganrif ar bymtheg. Byddai Ucheldir yr Alban yn gorfod mynd drwy'r un broses yn ddiweddarach. I ysweiniaid Cernyw, yr Alban a Chymru, roedd peidio â defnyddio'u hen ieithoedd yn gam anorfod yn natblygiad cymdeithas.

(*The South Wales Squires*, Herbert M. Vaughan, tud. 234)

(g) Diau fod yn llyfr Mr Vaughan ragfarn o'u plaid, a bydd hynny'n help i gywiro'r hen ragfarn yn eu herbyn. Wrth imi ddarllen y llyfr hwn mi ymhoffais fwyfwy yn y cymeriadau praff ac unplyg a ddisgrifid. Mwy nag unwaith fe'm hatgofiwyd am ddisgrifiad Gerallt Gymro o nodweddion yr hen Gymry gynt. Colled i unrhyw wlad fyddai colli'r cyfryw rai.

Ac er hynny fe'u collwyd. Ni ddiflanasant yn llwyr yn y gogledd, ond, bellach, gellir sôn yn fras am ysweiniaid Cymru fel peth a fu, a ddarfu. Nid oes iddynt mwyach nac awdurdod na gallu na daear lawer. Marwnad iddynt yw llyfr Mr Vaughan, ac acen hiraeth sy drwyddo. Rhydd ef y bai am eu diflannu ar dueddiadau democrataidd yr oes hon, ar y rhyfel diwethaf, a'i ganlyniadau economaidd, a gelyniaeth anwybodus y werin, a rhodres proffidwyr rhyfel. Ond fe dynnodd yr awdur ddarlun rhy gywir, rhy fyw, rhy onest a manwl, o gyflwr a bywyd yr ysweiniaid inni allu derbyn ei ddedfryd ef am achosion eu cwymp. Efallai mai'r peth mwyaf diddorol ynglŷn â'r gwaith yw mai amddiffyniad brwd a chariadlon yr olaf o'r ysweiniaid hyn i'w bobl ei hun yw'r condemniad llwyraf arnynt. Hynny a wna'r hanes yn drasiedi, ac ynddo yr anwybod hwnnw am wir ystyr ei eiriau ei hun a oedd yn rhan mor amlwg o drasiedïau'r hen Roegiaid.

Canys achos cwymp yr ysweiniaid oedd nid eu bod yn geidwadwyr mewn oes ddemocrataidd, na'u bod yn glynu wrth draddodiad yng nghanol oes o gyfnewid. Yn hytrach, nad oeddynt ddim yn ddigon o geidwadwyr, nad oedd ganddynt ddim digon o draddodiad, nad oedd eu bonedd ddim yn ddigon dwfn.

Dengys darlun Mr Vaughan yn amlwg mor gul oedd eu byd. Yr oeddynt megis rhyw ynys fechan o ysweiniaeth yng nghanol môr o fywyd Cymreig. Y clwb tennis a'r maes hela oedd canolfannau eu cymdeithas, ac Eglwys Loegr megis brodwaith ysgafn ar ymylon eu hwythnosau. Fe'u clywent eu hunain yn Gymry, ac eto yr oedd rhyw Glawdd Offa rhyngddynt a llif y bywyd Cymreig. Ymffrostient eu bod yn deyrngar i orsedd a defodau llywodraeth Lloegr, ac eto mor bell oedd Llundain oddi wrthynt, a phob ffasiwn newydd Seisnig yn hen ffasiwn chwerthinllyd cyn y cyrhaeddai hi atynt hwy.

(*Canlyn Arthur*, Saunders Lewis, tud. 30-31)

(ng) Gallai cyfoeswyr a chenedlaethau diweddarach o haneswyr Cymreig o duedd Anghydffurfiol feio'r tirfeddianwyr am fethu sefydlu trefn ddaliadol addas, a thrwy hynny amddifadu'r tenantiaid o'r hyder angenrheidiol i fedru ffermio'n fentrus. Dadl yr astudiaeth hon yw bod y fath ddehongliad, er ei fod yn cynnwys elfen o wirionedd, yn llawn diffygion. Dadleuir fod 'Pwnc y Tir Cymreig' – sef condemniad amaethyddol ar y tirfeddianwyr – yn bwnc a ddyfeisiwyd gan Radicaliaeth Anghydffurfiol Gymreig er mwyn creu democratiaeth wleidyddol a chyflawniad cenedlaethol. Roedd yr arweinwyr Radicalaidd, er eu bod yn ddynion didwyll a oedd yn benderfynol o gyflawni eu hamcanion, yn aml wedi cefnogi cyhuddiadau yn erbyn y tirfeddianwyr nad oedd ag unrhyw sail ffeithiol iddynt.

(*Land and People in Nineteenth Century Wales*, David W. Howell, tud. 149)

(h) Roedd y tirfeddianwyr yn llawer llai gormesol a chreulon na'u cyfoeswyr yn Iwerddon, ac ni allent gael eu cyhuddo o'r hyn a wnaed yn yr Alban pan drowyd y werin allan o'r Ucheldir. Hefyd gellir dadlau eu bod yn trin eu tenantiaid yn well o lawer na'r modd y cafodd y glöwyr eu trin gan y perchenogion glo. Yn gymdeithasol, ni fuont erioed yn ddosbarth dethol ac nid oedd unrhyw awgrym iddynt drin eu tenantiaid yn y modd y triniwyd y mwyafrif o'r Drydedd Ystad yn Ffrainc cyn y Chwyldro neu'r taeogion yn Nwyrain Ewrop neu yn Rwsia'r Tsariaid yn y bedwaredd ganrif ar bymtheg... Ni fu'r tirfeddianwyr yn cynnal heddlu cudd nac yn ymarfer sensoriaeth lem, ac anaml iawn yr ataliwyd *habeas corpus*. Ni fu eu llywodraeth erioed mor lem fel y bu'n rhaid i'w gwrthwynebwyr droi'n alltud oherwydd iddynt gredu na ellid newid y drefn ond drwy dywallt gwaed neu chwyldro. Credai'r radicaliaid Anghydffurfiol mwyaf pybr y byddai dulliau cyfansoddiadol yn ddigon i ddiorseddu'r Toriaid. Roedd cyffroadau megis Terfysgoedd Beca neu 'Ryfel y Degwm' yn gynhyrfiadau byrhoedlog ac yn wyriadau annodweddiadol o'r dulliau gwleidyddol normal o brotestio.

(*Religion, Language and Nationality in Wales*, Glanmor Williams, tud. 166-67)

3. **Un o ganlyniadau'r ymgyrch yn erbyn y tirfeddianwyr oedd iddynt golli eu dylanwad gwleidyddol ac felly bu'n rhaid iddynt werthu eu stadau. Yn yr esiamplau canlynol ceir detholiad o astudiaeth gan ddau hanesydd cyfoes ar dranc dosbarth y bonedd.**

(a) Tua diwedd y ganrif collodd nifer o'r ysweiniaid eu diddordeb mewn gwleidyddiaeth, gan eu bod yn gorfod delio â nifer o anawsterau economaidd. Credent nad oedd grym gwleidyddol yn werth y gost o'i ennill wrth iddynt ymdopi â'r trawma a achoswyd gan ddiddymiad anochel yr hen drefn. Treuliai Syr Pryse Pryse o Gogerddan dipyn o'i amser dramor ac yn Nanteos roedd hela llwynogod yn bwysicach na diddordeb gwleidyddol. Nid oedd yr Arglwydd Lisburne, arweinydd traddodiadol y blaid Dorïaidd, hyd yn oed yn ystyried ei bod hi'n angenrheidiol i ysweiniaid gyfrannu tuag at Gronfa Gofrestru'r blaid. Gorfododd i'r blaid ofyn i'r heliwr llwynogod garw a phenboeth Mathew Davies o Danybwlch gymryd yr arweinyddiaeth leol...

Rhoddwyd yr hoelen olaf yn arch rheolaeth wleidyddol dirfeddiannol yn ystod yr etholiad ar gyfer cyngor sir cyntaf Sir Aberteifi yn 1889. Fe safodd 89 o ymgeiswyr am 48 o seddau sirol ac yn eu plith roedd 21 o ymgeiswyr o deuluoedd bonheddig. Er yr etholwyd deg aelod bonheddig, dim ond tri o'r rhain, gan gynnwys yr Arglwydd Lisburne, oedd yn perthyn i'r prif deuluoedd tirfeddiannol. Wedi iddo ennill ewyllys da'r etholwyr drwy ei gefnogaeth i'r achos Rhyddfrydol yn 1868 (yn groes i wrthwynebiad cryf ei fam), fe etholwyd W.O. Brigstocke o Blaenpant i'r cyngor. Mewn ardaloedd etholiadol eraill yn ne'r sir gorchfygwyd ymgeiswyr bonheddig am seddau. Trechwyd y Cadfridog Jenkins o Benrallt ym Mlaenporth, Charles Lloyd o Waunifor yn Llandysul a Charles Longcroft o Lanina yng Nghei Newydd. Fe gafodd hyd yn oed y bonheddwr poblogaidd Syr Marteine Lloyd o Fronwydd ei guro gan John Powell, y rhydd-ddeiliad o Fethodist Calfinaidd. Ymhellach i ffwrdd yn y gogledd fe fu T.J. Waddington o'r Hafod a Henry Bonsall o Gwmcynfelin wrthi'n canfasio'n ofer yn erbyn postfeistr o Bontarfynach a gwerthwr glo lleol ...

Yn y rhan fwyaf o achosion nid amhoblogrwydd personol oedd y rheswm am ddarostyngiad y bonedd yn ystod yr etholiadau i'r cyngor sir ac, ar ôl 1894, etholiadau i'r cynghorau plwyf. Mewn gwirionedd, adwaith dosbarth gwleidyddol rhydd yn erbyn sefydliad hynafol oedd hyn. Roedd arweinwyr Anghydffurfiol, gwŷr ag ymwybyddiaeth genedlaethol, wedi bod wrthi ers blynyddoedd yn hybu fflamau anniddigrwydd ac wedi llwyddo i osod sylfaen buddugoliaeth 1889.

Roedd yr adroddiadau a gyhoeddwyd o bryd i'w gilydd yn ystod y bedwaredd ganrif ar bymtheg yn tynnu sylw at gyflwr annigonol y tai a'r bythynnod a gaed ar stadau Sir Aberteifi ac at natur hen ac amherthnasol adeiladau'r ffermydd, a fethai gwrdd ag anghenion economi bugeiliol amaethyddiaeth. Hyd yn oed yn ystod y blynyddoedd drwg gorfodwyd ffermwyr i barhau i werthu eu gwartheg fel anifeiliaid main ar gyfer eu pesgi yn Lloegr yn hytrach nag yn y farchnad leol fwy llewyrchus. Yn ei adroddiad ar gyfer y Comisiwn ar Gyflogi Gwragedd a Phlant mewn Amaethyddiaeth yn 1879, rhoddodd Henry Tremenheere ganmoliaeth i R.J. Loxdale o Castle Hill am ei ddiddordeb neilltuol mewn gwella cartrefi ei weision drwy adeiladu nifer o fythynnod yn cynnwys tair ystafell wely. Ond roedd yn feirniadol iawn o fonedd Sir Aberteifi yn gyffredinol a phrif destun ei feirniadaeth oedd yr arfer o ganiatáu lesi adeiladu tymor hir. Roedd y rhain yn gorfodi'r tenant i adeiladu ei fwthyn ei hun gyda'i ddefnyddiau ei hun, yn aml gyda chanlyniadau trychinebus. Roedd hyn yn arbennig o wir am stad Gogerddan – dim ond deugain allan o gyfanswm o bum cant o denantiaid bythynnod a dalai racrent (*rack-rent*). Roedd cyflwr truenus y tai ynghyd ag absenoldeb carthffosiaeth yn ddigon i argyhoeddi Tremenheere mai ychydig yn unig o fonedd Sir Aberteifi oedd yn 'ymwybodol o'u cyfrifoldebau moesol i ddarparu gwell preswylfan ar gyfer y dosbarth hwnnw yr oedd eu llewyrch nhw'n dibynnu cymaint arno'. Ar y llaw arall gallai Comisiynwyr Tir Cymru, chwarter canrif yn ddiweddarach, ddod i'r casgliad fod y rhan fwyaf o'r tirfeddianwyr yn ymwybodol o'u dyletswydd i gynnal a chadw eu hadeiladau a'u bythynnod...

Tua diwedd y bedwaredd ganrif ar bymtheg fe arweiniodd y dirwasgiad amaethyddol at ostyngiad yng ngwerth rhenti a oedd eisoes yn afreal o isel. Hefyd gwerthwyd mwy o dir oherwydd yr argostau uchel a fu'n gyfrifol am leihau'r stad ymhellach a thrwy hynny maint yr incwm a ddeuai o'r rhenti...

Yn ystod dau ddegawd ola'r bedwaredd ganrif ar bymtheg fe ddaeth stadau tiriog dan bwysau economaidd a chymdeithasol cynyddol. Oherwydd yr incwm gostyngol a ddeuai o'r rhenti, pwysau statig (neu hyd yn oed gynyddol) y llyffetheiriau a lefelau cynyddol uwch y trethi, roedd nifer o dirfeddianwyr yn credu nad oedd perchen darnau helaeth o dir yn werth y bri.

Yr oedd trethiant yn arbennig yn destun gofid, yn enwedig y dreth incwm, y dreth dir, y dreth olyniaeth, trethi'r tlodion, trethi'r ffordd fawr, trethi'r heddlu sirol a'r trethi addysg. Roedd trethiant trwm ar y dosbarth tiriog, ond roedd y nifer cynyddol o breswylwyr fila a ddibynnai ar enillion a ddeuai o ffynonellau gwahanol i rai tirol yn gymharol rydd o hyn i gyd. Hefyd erbyn diwedd y bedwaredd ganrif ar bymtheg roedd cyfleodd eraill ar gyfer buddsoddi, yn arbennig mewn cwmnïau cydgyfalaf, a roddai enillion hynod ddeniadol i fuddsoddwyr. Ar wahân i'r symbyliadau ariannol i roi'r gorau i dirberchenogaeth, roedd y sefyllfa gymdeithasol a gwleidyddol yn newid yn gyflym. Yn sgil etholiadau i'r Cyngor Sir a'r Cynghorau Plwyf ni adawyd ond ychydig o amheuaeth ym meddyliau'r bonedd tiriog nad oedd bod yn berchen ar ddarnau mawr o dir bellach yn rhoi cymaint o rym gwleidyddol nac ychwaith yr un parchedig ofn ag a wnaethai yn y gorffennol. Fe fu'r ymchwydd yn erbyn landlordiaeth, a feithrinwyd gan Thomas Gee a'i gefnogwyr gyda'u galwad am lys y tir, am renti teg ac am ddaliadaeth sefydlog, ynghyd â'r ymgyrch yn erbyn y degwm, yn gyfrwng i achosi cryn ofid fel y dyrnwyd arweinwyr traddodiadol y sir gan ymosodiadau'r 'Cynghrair ar gyfer y rheini a ormesid gan y Degymau', 'Y Cynghrair Tir, Masnachol a Llafur Cymreig' a'r 'Cynghrair Tir a Llafur' Sosialaidd. Wedi mwynhau ffyddlondeb eu tenantiaid am gymaint o amser, prin y gallai'r bonedd Cymreig gredu fod yr anghredadwy wedi digwydd a bod yr hen drefn baternalistig yn mynd â'i phen iddi. Petaent wedi parhau i elwa ar ymddiriedaeth a theyrngarwch eu tenantiaid, mae'n bosibl y gallasent fod wedi gwrthsefyll adfyd economaidd am gyfnod hwy. Ond roedd rhethreg radicalaidd wedi llwyddo erbyn hyn i estroneiddio llawer o bobl oddi wrth eu tirfeddianwyr, gan achosi ysgytwad seicolegol ddofn i'r bonedd tiriog, gyda nifer ohonynt yn penderfynu ei bod hi'n hen bryd iddynt fynd. Felly, fe grewyd y sefyllfa ar gyfer rhoi toreth o dir ar werth a oedd mor nodweddiadol o flynyddoedd agoriadol yr ugeinfed ganrif.

Yn ystod y cyfnod cychwynnol prif ystyriaeth y stadau mawrion oedd gwerthu'r eiddo ymylol, er y gwerthwyd yr Hafod gyfan i deulu Waddingham yn 1872. Fodd bynnag, gorfu i'r gwerthu ddod yn nes at gnewyllyn y stad o ganlyniad i bwysau trethi ac yn ystod blynyddoedd cynnar yr ugeinfed ganrif diflannodd nifer o'r hen deuluoedd o'r eiddo llai a bu lleihad dramatig ym maint y stadau mawrion. Erbyn 1930, pan fu farw'r etifedd gwryw olaf, ni chwmpasai stad Nanteos fwy na 4,336 o erwau ac fe gafodd Gogerddan wared ag 19,587 o erwau rhwng 1870 a 1930, gyda Choleg Prifysgol Cymru yn prynu 3,839 o erwau eraill ynghyd â'r plasdy yn 1950. Fe weddnewidiwyd Trawscoed hefyd yn y pen draw gan ddod yn sefydliad cyhoeddus a'i brynu fel pencadlys rhanbarthol y Weinyddiaeth Amaeth yn 1947, wedi i'r stad edwino i 17,000 o erwau yn 1924... Tynged nodweddiadol rhai o'r mân stadau oedd yr hyn a ddigwyddodd i Fynydd Gernos. Erbyn 1907 fe orfododd dyledion morgais i'r stad gael ei gwerthu i gymaint graddau nes nad oedd ond y fferm gartref, y plasdy a 192 o erwau yn weddill. Gwerthwyd y rhain oll yn 1916 ac fe ddiweddarwyd y plasdy gan y perchennog newydd. Yn anffodus gorfu iddo werthu yn 1922 i werthwr da byw a aeth ati i ddifetha holl ffitiadau'r plasdy a throi'r gragen yn dwlc moch...

Cronoleg Gwerthiant Stadau

Dyddiad	Stad	Lleoliad	Erwau
1870-1880	Alltyrodyn	Llandysul (30 Medi 1874)	4,500
	Court	Llanwenog (1879)	843
	Gogerddan	Troedyraur	
		Bettws Evan	
		Penbryn (30 Gorffennaf 1875)	1,800
		Llangrannog	
	Hafod	Cwm-ystwyth (1872)	16,000
	Noyadd	Llanarth (12 Awst 1879)	1,267 a'r Plasdy
	Pantydefaid	Llandysul (21 Hydref 1879)	1,064
1881-1890	Alltyrodyn	Llandysul (7 Medi & 3 Tachwedd 1881)	5,042 a'r Plasdy
	Gogerddan	Troedyraur	
		Bettws Evan (20 Gorffennaf 1882)	8,184
		Goginan (30 Mehefin 1886)	a Thir Adeiladu
		Llanbadarn	a Llety
	Moelifor	Llanrhystud (1884)	1,010
	Trawscoed	Tir ymylol (10-16 Mehefin 1890)	8,714
	Tyglyn	Aeron (28 Medi 1883)	1,268
1891-1900	Gogerddan	Aberystwyth (10 Gorffennaf 1895)	2,228
		Tai, Gwestai, Tir a Stad Cwmcynfelin	
	Nanteos	Aberystwyth (5 Awst 1897)	369
		Tai a Thir Adeiladu	
	Penglais	Aberystwyth (7 Medi 1876)	-
		Tai a Thir Adeiladu	
	Trawscoed	Tir ymylol (12 Mehefin 1900)	1,161
1900-1910	Gernos	Troedyraur (1907)	1,373
	Glanrheidiol	Goginan (9 Medi 1910)	914
		Siopau, Tai, Cloddfa Blwm (2 Awst 1903)	
	Pigeonsford	Troedyraur (14 Mehefin 1907)	887 a'r Plasdy
	Tyglyn	Aeron (6 Tachwedd 1906)	655
1911-1920	Abermeurig	Talsarn (28 Medi 1914)	783
	Blaenpant	(29 Mehefin 1912, 4 Gorffennaf 1914)	4,258
	Bronwydd	(1911)	2,290
	Cwmcynfelin	Clarach (4 Gorffennaf 1920)	320
	Derry Ormond	Llambed (15 Awst 1919)	8,000
	Fronfraith	Llanbadarn (4 Mehefin 1917)	-
		Tai yn Aberystwyth	
	Gilfachwen	Llandysul (17 Mehefin 1918)	338
	Llanaeron	Ciliau Aeron (5 Gorffennaf 1918)	1,845
	Llanina	Cei Newydd (14 Gorffennaf 1911)	512
	Mabws	Llanrhystud (23 Medi 1918)	1,000
	Mynachty	Llanarth (2 Hydref 1915)	-
		Eiddo yn Aberaeron	
	Sunny Hill	Tregaron (1918)	4,368
	(Nanteos)	Siopau, Tafarnau a Thai	
	Penglais	Aberystwyth (19 Gorffennaf 1915)	210
1921-1930	Bronwydd	Llangynllo (1922)	?
	Gogerddan	Cwmsymlog (8 Mawrth 1924) Tai	-
	Gogerddan	Lodge Park a'r Angler's Retreat	
		(21 Gorffennaf 1930)	7,375
	Gernos	Troedyraur (1922)	198 a'r Plasdy
	Llanaeron	Ciliau Aeron (31 Gorffennaf 1922)	-
		Gwestai, Adeiladau a.y.b. yn Aberaeron	
	Trawscoed	Ysbyty Ystwyth a Llanfihangel-y-Creuddyn	
		(18 Ebrill 1921)	1,368
	Trawscoed	Lledrod, Caron, Llanafan (22 Medi 1924)	5,006
	Tyglyn	Ciliau Aeron (2 Ebrill 1930)	169 a'r Plasdy

(*The Gentry and the County in Nineteenth Century Cardiganshire*, R.J. Colyer yn *Welsh History Review, Cyfrol X*, tud. 517-518, 528-530, 532-535)

(b) Ar ôl tua 1910 peidiodd y gwerthu â bod yn gyfyngedig i'r rheini a oedd â'u prif ddiddordebau yn Lloegr. Rhwng 1910 ac 1914, ac eithrio cewri tirfeddiannol maes glo De Cymru, Tredegar, Bute, Talbot a Dunraven, fe werthodd pob un o brif dirfeddianwyr Cymru rywfaint o dir. Ym mhob achos bron y tenantiaid a brynodd y rhan fwyaf o'r daliadau a werthwyd. Yn arwerthiant yr Arglwydd Powys yn Sir Drefaldwyn yn 1911, er enghraifft, fe werthwyd pum deg allan o'r pum deg pedwar darn i'r tenantiaid. Mewn rhai arwerthiannau, fel y rheini ym Madryn yn Sir Gaernarfon, Rhug ym Meirionnydd, Castell Bodelwyddan yn Sir Ddinbych a Gregynog yn Sir Drefaldwyn, y cynghorau sir oedd y pwrcaswyr mwyaf er mwyn rhoi mân ddaliadau ar werth neu ar rent. Cynyddodd y gwerthu ymhellach yn ystod y blynyddoedd cyn y rhyfel. Yn 1912 fe werthodd yr Arglwydd Penrhyn dir gwerth £45,000 yn Llŷn. Derbyniodd y Wynniaid o Rug £40,000 am ffermydd o'u heiddo ym Meirionnydd ac fe gafodd Dug Westminster £20,000 am eiddo yn Sir Fflint. Erbyn 1914 roedd Syr Watkin Williams Wynn o Wynnstay yn gwerthu rhai o ddarnau mwyaf anhygyrch ei stadau helaeth a gwasgarog ac roedd yr Arglwydd Wimborne yn gosod ar y farchnad diroedd a bentyrrwyd gan Syr John Guest yn Sir Forgannwg. Fodd bynnag, yn yr arwerthiannau hyn a gynhaliwyd cyn y rhyfel dim ond gwerthu darnau ymylol eu tiroedd yr oedd y tirfeddianwyr mawr. Nid oedd yr un ohonynt yn gwerthu popeth a phan ddechreuodd y rhyfel, roedd tirfeddianwyr Cymru yn dal i fyw yn eu plastai, er gwaethaf y cwtogi sylweddol a fu ar eu herwau breision...

Parhawyd i werthu stadau trwy gydol y rhyfel. Yn 1915 aeth Dug Beaufort ati i werthu ei stadau yn Sir Frycheiniog ac efelychwyd ei esiampl yn Sir Fynwy gan ardalydd y Fenni. Roedd hyd yn oed y tirfeddianwyr hynny a oedd wedi elwa ar ddiwydiannaeth maes glo de Cymru trwy renti ar fwyngloddio wrthi'n dechrau gwerthu. Yn 1915 gosodwyd rhannau o stadau Kemeys-Tynte ym Morgannwg a Sir Fynwy ar y farchnad; yn 1916 gwerthodd yr Arglwydd Tredegar gryn dipyn o'i eiddo trefol yn nyffrynnoedd Sir Fynwy; yn 1917 gwerthwyd rhan o stad Margam y Talbotiaid am £22,000; ac yn 1918 derbyniwyd £55,000 am fil o erwau o dir stad Parc Pontypŵl o eiddo J. Capel Hanbury. Stadau mawr eraill a werthwyd yn ystod y rhyfel oedd stad Bodelwyddan yn Sir Ddinbych, stad Sunny Hill yn Sir Aberteifi a stad Aberhafesp yn Sir Drefaldwyn. Bu'n rhaid i'r Gladstoniaid werthu'n drwm yn Sir Fflint, a hynny oherwydd deddfwriaeth Ryddfrydol lem yn ôl yr honiad ar y pryd.

Yng Nghymru tua 1870 y dechreuodd arwerthiannau achosi i stadau chwalu, ond ni ddylid gorliwio'r graddau y digwyddodd hyn yn ystod tri deg mlynedd olaf y bedwaredd ganrif ar bymtheg. Ni phenderfynodd y prif dirfeddianwyr Cymreig roi'r gorau yn sydyn i'w hawydd i ychwanegu at eu heiddo, ond roedd eu hawch a'u brwdfrydedd dros wneud hynny yn gwanhau. Fodd bynnag, roedd parodrwydd eu tenantiaid o'r 1870au ymlaen i gynnig am eu daliadau eu hunain yn sicr yn ddatblygiad newydd. Roedd rhai arwerthiannau yn ystod yr 1880au yn debyg i frwydrau rhwng dau fath o brynwr. Ond erbyn 1900 roedd hyn wedi effeithio'n ddifrifol ar un yn unig o'r stadau mawrion. Stad Gwydir yn Sir Gaernarfon oedd hi ac mae patrwm y gwerthiant a gofnodir yno yn 1894 yn debygol o fod yn nodweddiadol o'r cyfnod. O'r 35 o ffermydd Gwydir a werthwyd yn ystod y flwyddyn honno prynwyd dau ddeg dau gan hapfasnachwyr, saith gan gymydog tirfeddiannol, sef yr Arglwydd Penrhyn, a phump gan denantiaid. Byddai cyfartaleddau o'r fath yn ddigon i ddangos ymddangosiad dosbarth newydd o rydd-ddeiliaid heb fod hynny'n ddigon i achosi newid yn strwythur tirberchenogaeth yn gyffredinol. Nid oedd nifer y rhydd-ddeiliaid newydd ond yn ddigon i ddisodli gweddillion yr hen iwmyn a oedd wrthi'n gwerthu eu daliadau ac felly ni achosodd hyn unrhyw newid yng nghyfran gyffredinol y ffermwyr a oedd hefyd yn berchenogion. Yn wir mewn rhai siroedd, yn arbennig yn Sir Aberteifi a Sir Ddinbych, mae'r ystadegau swyddogol yn dangos gostyngiad absoliwt yng nghyfran y rhydd-ddeiliaid rhwng 1887 ac 1900. Fodd bynnag, yn ystod blynyddoedd olaf y bedwaredd ganrif ar bymtheg gwelwyd ychydig o symud yng Nghymru tuag at ffermio gan ffermwyr a oedd hefyd yn berchenogion, ond roedd y gwrthwyneb yn digwydd yn Lloegr a'r Alban...

Fe gyflymodd y broses ar ddechrau'r ganrif. Yn ei astudiaeth o ddaearyddiaeth wledig y gwledydd Celtaidd, mae Flatrès yn honni bod gwerthu ar raddfa fawr wedi dechrau yng Nghymru ymhlith y tirfeddianwyr hynny a oedd â'u prif ddiddordebau yn Lloegr ac a ddymunai grynhoi eu hadnoddau ar eu stadau Seisnig. Roedd tirfeddianwyr o'r fath yn anghyffredin oherwydd o'r 165 o deuluoedd a ddaliai dir dros 3,000 o erwau yng Nghymru yn 1883 roedd 65 y cant heb dir y tu allan i Gymru, a 7 y cant yn unig ohonynt a allai ystyried eu stadau Cymreig yn ddim mwy nag atodiadau i'w tiroedd mewn mannau eraill. Ymysg y 7 y cant hwn, fodd bynnag, y dechreuodd y gwerthu trwm o ddifrif. Roedd gwerthiannau Gwydir yn 1894 ym meddiant yr Arglwydd Ancaster a oedd wedi etifeddu stad Syr John Wynn drwy olyniaeth gymhleth ac a ddaliai diroedd gwenith anwerthadwy helaeth yn Swydd Lincoln na ellid eu gwerthu. Dechreuodd y ganrif gydag un o'r trosglwyddiadau mwyaf o dir a welwyd erioed yng Nghymru, sef diddymiad stad Beaufort yn Sir Fynwy, etifeddiaeth hynafol yr Herbertiaid o Raglan. Roedd y stad hon yn ymestyn dros 27,000 o erwau ac yn cynnwys Abaty Tyndyrn, pedwar castell, ugain maenor a dau ddeg chwech gwesty. Er ei bod yn cynrychioli'r elfen fwyaf a chyfoethocaf o stadau Beaufort, roedd yn bell iawn o brif stad y dug yn Badminton yn Swydd Gaerloyw. Roedd galw mawr am y tir; ac o'r 428 o ddarnau a gynigiwyd yn 1902, un yn unig y bu'n rhaid ei dynnu'n ôl ...

Yn ystod y bedwaredd ganrif ar bymtheg roedd y gagendor rhwng y busnes o dirberchenogaeth a'r busnes o amaethu yn amlycach ym Mhrydain nag yng ngweddill Ewrop. Ac ym Mhrydain roedd y gagendor hwn ar ei waethaf yng Nghymru. Yn 1887, pan oedd 10.2 y cant o'r tir yng Nghymru yn nwylo rhydd-ddeiliaid, y ffigur ar gyfer yr Alban oedd 12.7 y cant ac ar gyfer Lloegr 15.5 y cant. Roedd maint yr erwau a gynhelid gan berchen-ffermwyr Seisnig wedi ei chwyddo gan dir y methodd tirfeddianwyr ei osod ar les – sefyllfa nad oedd yn anghyffredin yn nwyrain Lloegr pan oedd y dirwasgiad ym myd amaeth ar ei waethaf. Er hynny, mae'r ffigurau hyn yn awgrymu fod amaethu rhydd-ddaliad yn fwy prin yng Nghymru na mewn rhannau eraill o Brydain. Roedd crynhoi tir yn nwylo ychydig o deuluoedd yn sicr yn fwy cyffredin yng Nghymru nag yn Lloegr. Amcangyfrifwyd yn 1887 fod stadau o fil o erwau a mwy yn gorchuddio 60.6 y cant o'r holl dir a drinid yng Nghymru a 53.5 y cant yn Lloegr. Mae'r *Return of Owners of Land* yn dangos bod yr holl dir amaethyddol yng Nghymru yn 1872 ym meddiant rhyw 16,000 o bobl a bod 55 y cant o dir Gwynedd yn nwylo 37 o deuluoedd.

(*The End of the Great Estates and the Rise of Freehold Farming in Wales*,
John Davies yn *Welsh History Review, Cyfrol VII*, tud. 187-192)

(c)

Canran y Daliadau ym Meddiant y Preswylwyr

Sir	1887	1909	1941-43	1960	1970
Môn	5.1	12.08	30	48.2	54.5
Brycheiniog	9.4	9.37	44	60.0	64.2
Ceredigion	21.6	18.53	48	71.4	72.0
Caerfyrddin	11.3	11.57	42	53.4	68.2
Caernarfon	4.2	11.66	30	48.8	58.4
Dinbych	12.2	7.3	34	56.0	60.6
Fflint	10.0	8.3	36	54.9	58.3
Morgannwg	9.1	6.02	24	52.9	57.6
Meirionnydd	7.5	7.09	25	48.3	58.6
Mynwy	13.8	12.84	33	61.0	64.2
Trefaldwyn	6.8	8.47	48	64.5	66.8
Penfro	10.3	10.53	36	57.7	64.2
Maesyfed	15.7	13.49	40	62.3	67.5
Cymru	10.5	10.58	37	58.4	63.7
Lloegr	16.1	13.37	34	56.4	59.6

Canran yr Erwau ym Meddiant y Preswylwyr

Sir	1887	1909	1941-43	1960	1970
Môn	5.8	12.9	34	47.2	54.0
Brycheiniog	9.8	9.7	46	60.5	60.7
Ceredigion	19.3	15.9	48	69.4	69.6
Caerfyrddin	12.6	11.6	42	59.9	67.0
Caernarfon	4.6	11.5	32	44.7	49.9
Dinbych	11.0	7.3	38	56.7	57.0
Fflint	9.4	9.1	36	52.0	52.7
Morgannwg	8.6	6.5	22	47.4	53.9
Meirionnydd	7.6	6.9	26	49.7	62.1
Mynwy	11.4	9.9	34	57.5	60.1
Trefaldwyn	6.7	8.0	49	66.7	67.6
Penfro	14.0	11.2	40	56.8	62.3
Maesyfed	14.3	11.3	41	63.0	67.7
Cymru	10.2	10.2	39	57.5	61.7
Lloegr	15.5	12.4	33	47.8	51.7

(*The End of the Great Estates and the Rise of Freehold Farming in Wales*,
John Davies yn *Welsh History Review, Cyfrol VII*, tud. 212)

(ch)

Mân ddaliadau

Sir	1908-1914			1918-1924		Tir a gadwyd ar ddiwedd 1937					1908-1937	
	Arwynebedd a enillwyd	Daliadau ar osod		Arwynebedd a enillwyd	Nifer y daliadau	Arwynebedd a brynwyd	Arwynebedd a logwyd	Cyfanswm yr arwynebedd	Nifer y daliadau	Rhent £	Gwerthwyd ar gyfer daliadau	
		Nifer	Arwynebedd								Nifer	Arwynebedd
Môn	2,111	71	2,051	4,038	173	6,875	404	7,279	496	10.539	4	110
Brycheiniog	533	32	533	665	30	368	908	1,276	134	1,464	-	-
Ceredigion	3,672	61	3,457	234	10	381	2,841	3,222	94	1,157	19	439
Caerfyrddin	1,194	47	1,083	2,866	135	2,753	1,805	4,558	350	6,604	3	54
Caernarfon	2,280	73	2,137	757	30	2,970	-	2,970	165	3,120	2	50
Dinbych	3,967	156	3,815	3,046	126	5,454	634	6,088	595	9,689	22	560
Fflint	1,022	54	982	2,684	112	4,514	162	4,676	357	10,445	6	92
Morgannwg	3,052	58	2,227	2,296	83	3,471	3,222	6,693	495	12,440	3	32
Meirionnydd	2,587	68	2,587	1,463	61	2,741	1,440	4,181	268	3,488	3	97
Mynwy	2,882	91	2,685	2,933	98	6,163	340	6,503	497	11,147	8	243
Trefaldwyn	3,234	104	3,234	4,774	170	9,286	252	9,538	668	14,118	7	169
Penfro	1,660	47	1,660	3,259	112	4,830	845	5,675	374	7,283	3	2
Maesyfed	374	23	374	2,335	76	2,823	278	3,101	190	3,532	-	-
Bwrdeistrefi Sirol	468	10	468	100	14	467	258	725	68	1,841	10	73
CYFANSWM	29,036	895	27,293	31,450	1,230	53,096	13,389	66,485	4,751	96,867	90	1,921

(*The Agriculture of Wales and Monmouthshire,* A.W. Ashby ac I.L.Evans, tud. 196)

(d) Cafodd nifer o'r stadau mawr naill ai eu lleihau o ran maint neu eu chwalu'n gyfan gwbl, ac roedd y perchenogion hynny a oroesodd yn ei chael hi'n anodd addasu eu gwariant personol i gwrdd â gofynion cynyddol y dreth incwm uwch a threthi etifeddiant. Ar wahân i rai eithriadau arbennig, roeddent naill ai'n analluog neu'n amharod i wario'r cyfalaf angenrheidiol ar gynnal eu stadau a'u cadw mewn cyflwr effeithlon. Yn y cyfamser roedd nifer y mân berchenogion heb unrhyw gysylltiad ag amaethyddiaeth yn prysur gynyddu. I'r rhan fwyaf o'r rhain, yn debyg i lawer o gyrff cyhoeddus, buddsoddiad ariannol yn unig oedd tirberchenogaeth, nad oedd ynghlwm wrth rwymau gwir bartneriaeth mewn amaethu. Dan yr amgylchiadau hyn roedd yr hen berthynas rhwng y tirfeddiannwr a'r tenant, a oedd ar y gorau wedi cynnwys cyd-ddyletswyddau a chyd-hawliau ac wedi darparu arweiniad i'r diwydiant, yn gyflym ymddatod. Esgeuluswyd atgyweiriadau hanfodol yn aml a gohiriwyd gwelliannau. Mewn rhannau helaeth o gefn gwlad roedd adeiladau fferm a chyfarpar cyfalaf arall yn dangos arwyddion esgeulustod dybryd, gyda daliadau'r perchenogion preswyl cynddrwg ag unrhyw un. Roedd amaethyddiaeth Gymreig mewn perygl o ymrannu yn ormod o unedau bychain heb unrhyw egwyddor arweiniol na phersonoliaethau amlwg i'w chadw ynghyd a'i helpu i bontio'r bwlch rhwng y lled-ganoloesol a'r modern.

(*The Agriculture of Wales and Monmouthshire*, A.W. Ashby ac I.L. Evans, tud. 92-93)

(dd) Gwireddwyd felly freuddwyd radicaliaid Cymreig y ganrif ddiwethaf o waredu'r cefn gwlad rhag landlordiaeth. Eto, er cydnabod beichiau'r drefn honno, dichon i bron gymaint o feichiau ddeillio o'r drefn rydd-ddaliadaethol. Rhwng 1922 ac 1931, bu cwymp o 20 y cant a mwy ym mhris tir, ergyd drom i'r rheini a brynodd eu ffermydd adeg y bŵm wedi'r rhyfel. Mwyach, y banciau fyddai gwir berchenogion lliaws o ffermydd Cymru, a buan y daeth aml i rydd-ddeiliad i sylweddoli bod taliadau morgais yn faich trymach a mwy anhyblyg na rhent. Gan fod ffermydd ar rent yn prinhau – yn wir, mewn llawer bro yn diflannu – roedd yn fwyfwy anodd i rywun heb gryn gyfoeth o fewn ei gyrraedd ymgymryd â gyrfa mewn ffermio. Yn ogystal, problem ddwys i'r rhydd-ddeiliad, os ydoedd am drin ei blant yn gyfartal, oedd cymynnu ei eiddo. Un ateb oedd gwerthu'r fferm a rhannu'r arian rhwng y plant; tanseilid felly'r arfer o deulu'n para i weithio'r un fferm am genedlaethau, un o nodweddion y drefn ystadol. Ateb arall oedd fod y fferm, wedi marwolaeth y rhieni, yn para yng nghydfeddiant brodyr a chwiorydd dibriod, datblygiad pur gyffredin yn y cefn gwlad Cymreig yn yr ugeinfed ganrif, a ffactor o bwys wrth ystyried demograffi'r Cymry gwledig. Prif ddiddordeb meistr tir wrth iddo osod fferm yw cael tenant hyfyw sydd â phrofiad o natur y ffermio lleol. Prif ddiddordeb perchennog fferm wrth iddo ei rhoi ar y farchnad yw cael y pris uchaf; gan hynny, mae'n barod i werthu i'r prynwr cyfoethocaf, boed hwnnw'n lleol ai peidio. Dichon felly mai i dwf rhydd-ddaliadaeth, yn anad dim, y mae priodoli'r ffaith fod mwy a mwy o ffermydd Cymru wedi mynd yn eiddo i brynwyr o'r tu draw i Glawdd Offa, datblygiad sydd wedi llwyr Seisnigo aml i fro wledig. Yn sgil diflaniad yr ystadau, darfu ymdrechion y meistri tir i ad-drefnu a chyfnerthu eu daliadaethau. Erbyn hyn, dibynna'r broses hon ar allu pwrcasu'r ffermwyr cyfoethocaf, ac o ganlyniad mae nifer ffermydd Cymru wedi'i haneru mewn llai na chenhedlaeth. A rhydd-ddaliadaeth wedi esgor ar ganlyniadau mor annisgwyl, does ryfedd fod diddordeb cynyddol yn chwarter olaf yr ugeinfed ganrif mewn atebion sosialaidd i broblem daliadaeth tir.

(*Hanes Cymru*, John Davies, tud. 519)

ADRAN B
TENANTIAID

Gallai bywyd fod yn anodd a blin i lawer o denantiaid Cymru.

(a) Tenantiaid ffermydd sydd wedi gorfod dioddef pen trymaf y dirwasgiad. Yn y mwyafrif o achosion mae'r tenant wedi ei chael hi'n fwyfwy anodd talu ei rent, hyd yn oed pan y caniatawyd gostyngiad. Mewn nifer o achosion mae hyn wedi cael ei wneud ar draul arian cynilo prin y gweithiwr, neu drwy gael benthyg ar log, neu drwy alw am gymorth ei feibion a'i ferched sy'n gweithio yn yr ardaloedd diwydiannol neu mewn trefi; ac ym mhob achos drwy hunanymwadiad mawr ar ran y tenant a thrwy gymorth gwaith di-dâl gwraig y ffermwr a phlant a ddylai fod yn yr ysgol. Mae nifer o denantiaid wedi methu'n gyfan gwbl, wedi colli eu heiddo ac wedi gorfod gadael eu daliadau …

(*The Welsh Land Commission: A Digest of its Report, 1896,*
D. Lleufer Thomas, tud. 354)

(b) Yr oedd y ffermwyr yn ddosbarth digon bethma at ei gilydd, mewn llawer o bethau yn debyg iawn i relyw eu dosbarth; digon canolig a thlawd o ran eu hamgylchiadau; rhai ohonynt yn ddigon balch, a dangosent hynny trwy gael rhywbeth newydd yn bur aml i'w wisgo ar y Sul a thrwy wenu'n awgrymiadol ar ei gilydd yn y capel. Pobl sbeitlyd y byddem ni yn galw y rhai hynny; a phan fyddai raid i rai ohonom, yn blant, fynd i'r capel â chlytiau ar ein pennau gliniau, teimlem i'r byw eu gwawd. Ceisiai rhai o'r dosbarth, a feddai werth ychydig o gannoedd o stoc, ymddangos fel pe baent yn werth miloedd, a'r rhai oedd â gwerth ychydig o ugeiniau eu bod yn werth cannoedd. Yr oedd yno hefyd, fel y ceir bron ym mhob ardal, ambell un yn ceisio dynwared tlodi, tra y credai ei gydnabod ei fod yn dda allan. Credai rhai yr hen ddywediad oedd wedi dyfod i lawr o dad i fab, sef 'fod yn rhaid cael côt grand i fenthyca'r rhent, ond y gwnâi un glytiog yn iawn i dalu'r rhent.' Diau fod y dywediad wedi tarddu o sylwi y byddai'r meistriaid tir yn codi y rhent os gwelent rai o'u tenantiaid â golwg ry raenus arnynt.

(*Cwm Eithin*, Hugh Evans, tud. 21)

(c) Tystiolaeth Mr Thomas Davies o Fedwlwyd y Bala, tenant ffermwr.

Bydd y dystiolaeth yn rhannol bersonol am denantiaeth Frondderw ($76\frac{1}{2}$ o erwau) a Fedwlwyd (156 o erwau), a bydd yn rhannol yn cyfeirio at gyflwr cyffredinol stad y Rhiwlas ym mhlwyfi Llanycil a Llanfor.

III Meddiannaeth

1. Telerau'r Tenantiaeth – Ar y cyfan gosodir y ffermydd o flwyddyn i flwyddyn. Bach iawn o alw sydd am lesi. Gofynnodd y tyst unwaith i Mr Watkins, sef yr asiant ar stad y Rhiwlas, am les ond gwrthododd hwnnw roi un, gan ddatgan nad oedd yn arferiad.
   Pan glustnodir caeau ar gyfer plannu fel rheol ni roddir unrhyw rybudd gan y tirfeddiannwr o'i fwriad i wneud hynny, ac ni roddir unrhyw iawndal am unrhyw

golledion a ddioddefir gan y tenant. Pan oeddwn yn denant fferm Frondderw dan Mr Anwyl, fe brynodd fy nhirfeddiannwr 9,000 o goed ifanc a dymunai eu plannu mewn cae yr oeddwn i wedi ei baratoi ar gyfer tyfu tatws. Gwrthwynebais eu plannu ac yn y diwedd fe'u plannwyd, gyda'm cydsyniad i, mewn rhan arall o'r fferm. Ond ni dderbyniais unrhyw ostyngiad yn y rhent ar gorn y tir a gollwyd oherwydd hyn.
Lle mae torri coed yn y cwestiwn prin iawn y rhoddir iawndal am unrhyw golledion a ddioddefir gan y tenant. Unwaith eto pan oeddwn yn denant Frondderw torrwyd llawer iawn o goed ac nid wyf wedi derbyn unrhyw iawndal am y difrod a achoswyd. Mewn nifer o achosion torrwyd coed a ffurfiai ran o berth, a bu'n rhaid i mi lenwi'r bylchau a grewyd.

2. Cytundebau a Lesi – Cyflwynaf gopïau o'r cytundebau canlynol:
   (a) 3 Mehefin 1879, les am bum mlynedd ar fferm Frondderw oddi wrth Thomas Lloyd Anwyl.
   (b) 1890. Cytundeb drafft am osod Frondderw.
   (c) 1885. Cytundeb am osod Fedwlwyd. Rwyf wedi nodi'r cymalau yr wyf yn eu hystyried yn ormesol ac yn annymunol.

3. Rhent – Yn ychwanegol at y rhenti y mae disgwyl i denantiaid stad y Rhiwlas eu talu, mae gofyn iddynt hefyd gynnig gwasanaethau eraill, megis cyrchu glo ar gyfer plasdy'r tirfeddiannwr, neu gyflawni gwasanaethau eraill, megis cyrchu tail...

   (iii) Sut yr amrywiai'r rhent – Yn gyffredinol mae rhenti wedi cynyddu'n sylweddol yn ystod y 50 mlynedd diwethaf.
   'Rhyw 18 mlynedd yn ôl (yn 1876) codwyd y rhenti ar stad y Rhiwlas yn sylweddol. Cyn y cyfnod hwnnw y rhent ar fy fferm i, Fedwlwyd, oedd £70; yna fe'i codwyd i £90...
   Yn 1849 y rhent ar fy fferm arall, Frondderw, oedd £70; erbyn 1866 yr oedd wedi codi i £110; ac yn 1878 fe'i codwyd ymhellach i £120. Deilliai'r codiad yn gyfan gwbl o'r gwelliant yng nghyflwr y fferm a wnaed gan y tenant.

4. Talu'r Rhent – Mae hawlio'r rhent bob amser yn golygu bod y tirfeddiannwr yn cael yr hyn sydd yn llwyr ddyledus iddo ac fel arfer mewn da bryd. Adeg cyfnod o ddirwasgiad effaith hyn yw bod masnachwyr yn dioddef cryn dipyn, oherwydd nad yw tenantiaid yn medru talu eu holl ddyledion ond rhaid iddynt ofalu bob amser fod eu tirfeddianwyr yn cael eu talu...

5. Maint Ffermydd – Mewn nifer o achosion mae daliadau wedi cael eu huno. Nifer yr anhedd-dai sydd wedi mynd â'u pen iddynt yn ystod y 50 mlynedd diwethaf ym mhlwyf Llanycil neu sydd wedi cael eu newid i fod yn feudai, yw tua 120, heb gyfrif tref y Bala. Nifer y tai sydd wedi cael eu hadeiladu yn yr ardal yn ystod yr un cyfnod yw 15. Un rheswm dros yr arfer o ddod ag adeiladau ffermydd at ei gilydd yw er mwyn osgoi adeiladu tai addas lle gall pobl fyw. Mae'r gwrthwynebiad yma i adeiladu tai addas wedi gorfodi llawer o deuluoedd i adael yr ardal a symud i'r dref, ac mewn rhai achosion ymfudo i'r Trefedigaethau...

(*Royal Commission on Land in Wales and Monmouthshire, Minutes of Evidence*, *Cyfrol 1*, tud. 319-320)

(ch) ...Ond ymddengys i ni fod gwir bwysigrwydd y digwyddiadau y cyfeirir atynt wedi eu seilio nid cymaint ar gywirdeb manwl y dystiolaeth a roddwyd i ni ynglŷn ag achos unigol, ond ar gred onest y tenantiaid a'r cyhoedd yn gyffredinol ynglŷn ag achos o'r fath. Petai tenant yn gorfod gadael ei fferm dan y fath amgylchiadau oherwydd y credai ef a'i gymdogion ei fod yn cael ei drin felly oherwydd ei ddaliadau gwleidyddol, byddai'r digwyddiad yn tueddu i esgor ar yr un teimlad o ansicrwydd a chwerwder...

Does dim amheuaeth gennym ni fod y statudau sy'n ymwneud â gêm, yn y gorffennol ac o bryd i'w gilydd yn y presennol, wedi cael eu gweithredu yn llym iawn, ac mewn nifer o achosion wedi bod yn achos gwrthdaro ac anhapusrwydd...

Rydym yn argyhoeddedig mai gwir wraidd y drwgdeimlad a greir rhwng y tirfeddiannwr a'r tenant drwy weithredu hawliau chwarae yw ansicrwydd tenantiaeth dan y system bresennol. Y gwir gŵyn yw teimlad y tenant, oherwydd ei safle diamddiffyn mewn perthynas â'i ddaliad petai'n digwydd codi gwrychyn ei dirfeddiannwr, na all hawlio iawndal digonol am unrhyw ddifrod a wneir i'w gnydau...

(*The Welsh Land Commission: A Digest of its Report, 1896*,
D Lleufer Thomas, tud. 90, 191)

(d) Rhoddodd y Dr Enoch Davies yr esiamplau canlynol yng nghymdogaeth Castell Newydd Emlyn:

Ar Stad Bronwydd mae fferm o'r enw Bryngwyn. Fe ddaeth y les i ben ryw 40 mlynedd yn ôl. Nid wyf mewn sefyllfa i ddweud beth oedd dyddiad y les; cyn iddi ddod i ben, £25 y flwyddyn oedd y rhent. Yna fe rannwyd y fferm, cyfanswm rhent y ddwy ran oedd £70 y flwyddyn. Bellach, £86 yw'r rhent, sef codiad o 244 y cant ers i'r les gael ei chyhoeddi. Fe gymerodd hen daid i mi les ar fferm o'r enw Blaenythan, ar Stad Pentre, oddeutu 1808. Gwn mai £71 y flwyddyn oedd y rhent. Mae'r les bellach wedi dirwyn i ben a'r rhent yn awr yw £146.10s y flwyddyn, sef codiad o 105 y cant. Yna roedd Penallt, £80 oedd y rhent 62 blynedd yn ôl, £170 yn awr, codiad o 112 y cant.

Yng nghymdogaeth Aberaeron, daliwyd fferm o'r enw Cilfforch ar Stad Monachdy ar rent o £30 y flwyddyn, ar les am fywydau a ddaeth i ben yn 1875. Codwyd y rhent bryd hynny i £140, ond ers hynny fe'i gostyngwyd i tua £90.

(*The Welsh Land Commission: A Digest of its Report, 1896*,
D. Lleufer Thomas, tud. 219)

ADRAN C
GWEISION

Rhaid peidio â meddwl am y Gymru wledig fel cymdeithas ddau ddosbarth, sef y bonedd a'r werin. Oddi mewn i ddosbarth y werin caed cryn wahaniaethau cymdeithasol ac economaidd. Y ddau gategori amlycaf oedd y tenantiaid a'r gweision. Yn y dystiolaeth ganlynol, ceir syniad o natur y gwahaniaethau a fodolai rhwng y ddau grŵp.

(a) Er bod y ffin rhwng y ffermwr bach a'r gwas cyflog yn aml yn un aneglur oherwydd natur gymunedol yr amaethu, roedd buddiannau gwahanol yn sicr yn bodoli, pa mor agos bynnag oedd y berthynas rhyngddynt. Yr oedd bob amser y gwahaniaeth economaidd sylfaenol rhwng y ddau ddosbarth: meddai'r ffermwr ar yr eiddo a'r cyfalaf, gwerthai'r gwas ei lafur yn gyfnewid am gyflog. Yn ogystal â hynny, gallai'r gwahaniaeth buddiannau hyn ar unrhyw adeg ddatblygu'n wrthdaro, yn enwedig wrth bennu cyflogau neu hyd y diwrnod gwaith. Yn draddodiadol lleolwyd y gweithiwr fferm cyflogedig ar waelod yr hierarchaeth ddosbarth wledig a hynny mewn safle israddol. Ac o fewn y strwythur cyflog roedd y ddolen gyswllt meistr-gwas yn un rhanedig a manteisiol o ran natur; yn wir, roedd y gair gwas fferm ynddo'i hun yn gyfystyr ag israddoldeb. Roedd ei eiddo a'i ddyletswyddau yn gosod y ffermwr un radd yn uwch o ran safle cymdeithasol, ac roedd hyn yn rheswm digonol iddo ymddwyn yn annibynnol. Yn ôl unrhyw faen prawf, parhâi trwch helaeth y gweithwyr gwledig i fod yn union yr hyn yr arferent fod yn y cyfnod ffiwdal: gweithlu rhad, di-rym ac israddol, ar alwad eu meistri.

...Yn gyffredinol, fe'i cyflogid bob blwyddyn, gan dderbyn ei gyflog yn rhannol mewn arian ac yn rhannol mewn nwyddau, yn byw i mewn neu allan mewn bwthyn ar rent; roedd holl natur ei gyflogaeth yn ei wneud yn seicolegol ac yn gorfforol ddibynnol ar ei feistr. Ers cyn cof roedd oriau gwaith y gweithiwr yn hir a gormodol: 5 neu 6 a.m. hyd 6 neu 7 p.m. yn yr haf, gydag oriau ychwanegol ar gyfer casglu'r cynhaeaf, ac o doriad gwawr hyd fachlud haul yn y gaeaf, gyda'r rhai a gysgai ar y fferm heb unrhyw oriau pendant o gwbl.

(*The Rural Revolt that Failed*, David Pretty, tud. 2)

(b)

Gweision a'u hoffer yng Nghastell Penarlâg
(*Cymru – Oes Fictoria ac Edward VII o Hen Ffotograffau*, E.D. Jones, llun 22)

(c) ... Mewn rhai ardaloedd bydd y gweision yn cysgu yn y ffermdai neu mewn estyniadau i'r ffermdai ... Yr arferiad cyffredinol yn y rhan fwyaf o Gymru, fodd bynnag, yw i leoli eu gwelyau yn llofftydd yr adeiladau allanol, megis yr ysguboriau, y beudai neu'r stablau ... Yn Sir Fôn cyfeiriodd gwas fferm o'r enw Mr John Hughes at ddiffyg llety ar gyfer gweision yn y ffermdai, ac fe ychwanegodd y sylwadau canlynol: 'Mae'r ysgolion dyddiol yn addysgu'r plant nes eu bod wedi pasio Safon V, neu nes eu bod yn dair ar ddeg oed. Yna fe ânt at y ffermwyr ac fe gânt fyw a chysgu gyda'r gwartheg. Fe anghofiant am bopeth y maent wedi ei ddysgu yn yr ysgol ac fe ddônt o'r un anian â'r anifeiliaid. Dyna yw gwirionedd y mater.'

Dywedodd Mr David Davies, gwas fferm o Langybi yn Sir Gaernarfon, y canlynol: 'Mae'r lleoedd a roddir gan y ffermwyr i'w gweision gysgu ynddynt yn gyfan gwbl anaddas ar gorn eu maint a'u safle, gan mai ystafelloedd bychain ydynt, gyda lle cyfyng iawn i sefyll ynddynt. Bydd gweision eraill yn cysgu yn y llofftydd uwchben y gwartheg naill ai mewn stablau neu mewn beudai. Anaml y bydd lle yn y ffermdai eu hunain; maent fel rheol yn fach iawn, heb unrhyw ystafelloedd i fyny'r llofft. Fe geisiant osod un gwely mewn modd fel ag i greu sgrîn yn erbyn un arall. Rwyf i wedi cysgu yn un o chwech mewn llofft uwchben y gwartheg: doedd dim digon o le ynddo i ganiatáu i un person sefyll yn syth. Gosodwyd tri gwely yn yr ystafell. Y lle cyfyng rhwng y gwelyau oedd yr unig le oedd gennym.'

(*The Welsh People*, John Rhys a David Brynmor Jones, tud. 574-575)

(ch) Ar y cyfan rhaid i ni ddod i'r casgliad nad yw'r gweithiwr amaethyddol Cymreig hyd yn hyn wedi dioddef o'r dirwasgiad amaethyddol sydd wedi peri cymaint o niwed i'r ffermwr. Mae wedi llwyddo i gael gwell telerau a thriniaeth fwy haelfrydig gan y ffermwr, a hynny am fod y ffermwr ag anawsterau ac na all fforddio bod mor annibynnol ag a fu ar un adeg...

Ar hyn o bryd, does dim amheuaeth nad yw'r gweithiwr, ar y cyfan, yn well ei fyd nag a fu 100 mlynedd yn ôl... A siarad yn gyffredinol, o 1850 ymlaen mae ei gyflwr wedi gwella'n gyson. Cyn 1870 roedd y gwelliant yn ei gyflwr ynghlwm wrth y cyflog a enillai; ers hynny nodweddir ei gynnydd gan welliant yn ei amgylchedd ac yn ehangder ei gyfleoedd cymdeithasol. Daeth addysg elfennol ar ei gyfyl ac ers hynny mae pob tâl amdani wedi cael ei ddileu. Nid yw ei blant lleiaf bellach yn gorfod llafurio yn y caeau, ond gallant roi eu holl amser i'w gwaith ysgol a'u chwaraeon. Gall ef ei hun hepgor enillion ei wraig fel gweithiwr cyflogedig rheolaidd, ac felly gall hi aros gartref ac ymroi i'w dyletswyddau yn y tŷ neu os oes ychydig erwau ynghlwm wrth y bwthyn gall wneud ei gorau i wella'r cynnyrch. Mae gan y gweithiwr ei hun fwy o amser gyda'i wraig a'i blant, bu cwtogiad ar ei oriau gwaith ac mae dyfodiad peiriannau, y defnydd cynyddol o wrtaith a bwydydd artiffisial, a'r ymlyniad wrth amaethu bugeiliol ar draul amaethu âr, oll wedi lleihau'r caledi y bu'n rhaid iddo ei ddioddef ar un adeg. Mae ei gyflog wedi codi a phrisiau bwyd wedi gostwng, ac mae ef a'i deulu'n cael eu dilladu'n well... Ar y cyfan mae'n cael ei gartrefu'n well, on nid yw'r gwelliant yn y cyswllt hwn wedi cyd-fynd â'r cynnydd sydd wedi digwydd mewn meysydd eraill, ac mae gweithredu llymach ar y rheolau carthffosiaeth, drwy gondemnio'i ddefnydd o'i dwlc mochyn, yn aml yn golygu ei fod wedi gorfod hepgor ei fochyn.

(*The Welsh Land Commission, A Digest of its Report, 1896*,
D. Lleufer Thomas, tud. 337-338)

(d) 'Gwŷr y tai bach' oedd yr enw ar y bobl hyn. Nid yw'n hawdd dweud beth oedd tarddiad y pentrefi hyn; mae'n bosibl fod mwy nag un achos yn gyfrifol am eu datblygiad. Maent yn sicr yn teilyngu astudiaeth, oherwydd rwy'n rhyw feddwl eu bod wedi bod yno am gannoedd o flynyddoedd a'u trigolion wedi eu cadw yno – roeddwn yn mynd i ddweud eu gorfodi i aros yno – gan yr un rheidrwydd economaidd a fu'n gyfrifol am eu datblygiad. Mae'n bosibl eu bod wedi goroesi cyfnod taeogaeth ac nad oeddent fyth wedi peidio â dibynnu ar y ffermydd; yn sicr doedden nhw ddim wedi peidio â bod saith deg mlynedd yn ôl. Dibynnai eu bywoliaeth yn llwyr ar y fferm; yno yr âi eu meibion a'u merched yn ddeuddeng mlwydd oed, neu'n gynharach hyd yn oed; yno roedd ganddynt ddwy neu dair rhes o datws a maip ac ati; yno y caent ychydig mwy o wair neu ŷd ar gyfer y fuwch yn y gaeaf; oddi yno y deuai help i gario glo neu goed. Roedd eu safle economaidd a'u gwasanaeth yn cyfateb i'r hyn a fodolai yn ystod y canrifoedd cynharach. Unwaith y deuai'r cyfle i dorri'n rhydd o'r caethiwed economaidd yma, a 'thaeogaeth', gadawent y ffermydd a'r bythynnod, gan heidio i Forgannwg.

Mae'r ffaith nad ymfudodd mwy ohonynt yn deillio o'r ffaith fod cymaint o ffermydd bychain gennym yng Nghymru rhwng ugain a hanner can erw, a rhai llai na hynny. Gallai gwas fferm darbodus amcanu at gael un o'r ffermydd hyn unwaith y byddai'n priodi neu pan fyddai'n ddeg ar hugain mlwydd oed.

Ar ôl gwasanaeth di-fwlch o saith mlynedd ar yr un fferm fe gâi hawl i heffer (a'r forwyn i bâr o flancedi ar ôl chwe mlynedd) ac ambell waith fe gâi ganiatád i gadw ychydig o ddefaid ar gaeau tir uchel y ffermydd mwy. Felly, erbyn iddo briodi byddai mewn sefyllfa i gymryd un o'r mân ddaliadau hyn. Yna, drwy godi'n raddol o'r mawr i'r mwy, fe allai ar ôl cyrraedd hanner cant fod yn meddu ar un o'r ffermydd mwyaf yn y plwyf. Roedd plant bob amser yn fantais oherwydd y byddai'r sgweiar yn edrych yn ffafriol ar ddyn a oedd â dau fachgen cyhyrog. Yma eto roedd gwahaniaeth sylfaenol a wnâi bywyd cefn gwlad yn wahanol i'r hyn a gaed yn Lloegr, oherwydd y rhwystrai dwf y gagendor hwnnw a gadwai'r gwas fferm ar wahân i'r ffermwr, gan gadw'r gweithiwr yn gaeth am fyth bythoedd a'i amddifadu o'r cyfle oedd gan y gwas Cymreig i gynilo ac i aros ar y tir.

Er bod y ffermwyr a'r tyddynwyr yn ffurfio cymdeithas wledig glòs wedi'i huno â rhwymau iaith, crefydd, arferion a dibyniaeth economaidd, roedd gwahaniaeth i'w weld rhyngddynt, a pharhâi'r tyddynwyr i fod yn bobl ar wahân – gwŷr y tai bach. Rhaid peidio â gorddweud. Dwi ddim yn awgrymu fod y gwahaniaethau hynny sy'n nodweddu Ffiwdaliaeth yn bodoli. Mae'n debyg bod ffermwyr yn wastad wedi ystyried eu hunain yn uwch na gweithwyr amaethyddol. Ond doedd dim cydbriodi rhyngddynt heb fod hynny'n golygu colli statws a thorri allan o'r cylch teuluol. Ni fyddai teulu amaethyddol a oedd wedi ei dynnu i lawr a'i gywilyddio gan briodas 'forganatig' o'r math yma fyth yn dosbarthu'r gwaddol arferol, gan orfodi'r pâr ifanc i gymryd safle a statws gweision fferm. Mae pobl wledig yn bobl falch; mae nifer mawr ohonynt yn ddisgynyddion i'r hen fonedd brodorol. Roedd ganddynt lawer i ymfalchïo ynddo – tras, cymeriad a sylwedd. Mae'n gymaint o destun rhyfeddod fod meddiant ar dir, hyd yn oed ffermio'r tir, wedi bod yn gyfrifol am fwy o ymwybyddiaeth o ddosbarth, balchder a rhaniadau na dim byd arall.

(*Welsh Country Upbringing*, D. Parry Jones, tud. 85-86)

(dd) Prif nodwedd y blynyddoedd 1917-20 yng nghefn gwlad Ceredigion, fel yn achos gweddill Cymru, oedd y deffroad ymysg y gweithwyr, Os oedd Diwygiad 1904-5 wedi cynnig iachawdwriaeth ysbrydol i rai ohonynt, ceisiodd y mudiad llafur hefyd ennill gwell byd iddynt drwy godi eu safon byw. Mwy na hyn, rhoddodd obaith, hyder ac urddas i'r dosbarth gweithiol. O ganlyniad, gallai'r gwladwr mwyaf distadl ddal ei ben ychydig yn uwch. Yn naturiol ddigon, amharwyd llawer ar drefn a chytgord y gymdeithas a phrin y gallai'r meistri fod wedi wynebu newid mor sylfaenol yng nghymeriad y gweithlu amaethyddol. Aeth y bwlch rhwng y ddau ddosbarth yn agendor. Trodd y gwrthryfel yn rhyfel dosbarth fel y daeth gorthrymedigion y 1860au yn orthrymwyr y 1920au. Yn y cyswllt hwn, y gweision fferm oedd y 'caethion olaf'. Drwy'r cyfan, siomedig iawn fu agwedd hierarchaeth yr enwadau Ymneilltuol. Mynd o'r tu arall heibio a wnâi'r mwyafrif llethol o weinidogion gan uniaethu eu hunain â'r amaethwyr a'r cyfoethog. Dyrnaid yn unig a fu'n gefnogol i achos y werin-bobl, ac eithriad oedd gwaedd y Parch. Ben Davies o bulpud Capel Seion, Llandysul, pan ddisgrifiodd y ffermwyr yn ysbeilwyr. Eto i gyd, parhaodd llawer o'r gweithwyr yn ffyddlon i'r Capel a'r Ysgol Sul, a thalwyd teyrnged haeddiannol nid yn unig i'w cyfraniad yno ond, yn ogystal, i'w talentau diwylliannol mewn eisteddfod a chymanfa. Eironig iawn hefyd, o gofio'r lladd a fu ar 'Hen Eglwys Loegr', oedd gweld rheithoriaid Anglicanaidd yn eu hamlygu eu hunain fel amddiffynwyr y dosbarth gweithiol.

Blwyddyn ddu fu 1921 i amaethyddiaeth. Oherwydd y dirwasgiad economaidd gorfodwyd y llywodraeth i ddiddymu'r Ddeddf Cynhyrchu Ŷd. Ymwelodd dirprwyaeth o gynrychiolwyr N.A.L.R.W.U. Ceredigion â Chapten Ernest Evans, aelod seneddol y sir, i ddatgan eu pryder. Ond ofer fu'r holl brotestio. Dan y drefn newydd dilewyd y prisiau gwarantedig i ffermwyr a'r isafswm cyflog i'r gweithwyr, ac yn lle'r byrddau cyflog sefydlwyd byrddau cymodi diddannedd. Heb ddiogelwch statudol ni allai'r gweithwyr obeithio sicrhau cyflog sefydlog; gwaeth na hynny, gallent yn hawdd ddychwelyd i'r amodau a oedd yn bodoli cyn y rhyfel. Chwalwyd eu hyder yn deilchion.

(*Gwrthryfel y Gweithwyr Gwledig yng Ngheredigion 1889-1950,*
David Pretty, yn *Ceredigion, Cyfrol II*, tud. 51-52)

(e) Agwedd nodweddiadol o'r system amaethyddol Gymreig drwy gydol y bedwaredd ganrif ar bymtheg oedd absenoldeb gagendor dosbarth amlwg rhwng tenantiaid ffermydd a'u gweision. Deilliai'r sefyllfa hon yn y bôn o'r unedau amaethu bychain, a phrin oedd y gwahaniaeth rhwng y tenantiaid a drigai ynddynt a'r gweision o ran eu safonau a'u dull o fyw. Byddai'r ffermwr bychan Cymreig yn gweithio ochr yn ochr â'i weision, ac roedd prinder ffermydd yn golygu yn aml y byddai meibion ffermwyr yn dod yn weision a drigai mewn ffermydd cyfagos. Byddai'r gweision eu hunain hefyd yn aml yn llwyddo i wireddu eu huchelgais o ddod yn denantiaid ffermydd, gan mai ychydig yn unig o gyfalaf oedd ei angen i brynu mân ddaliadau. Ar y lefel gymdeithasol hybwyd cysylltiad agos rhyngddynt drwy gydaddoli â'i gilydd mewn capeli anghydffurfiol a thrwy gymysgu â'i gilydd adeg prydau bwyd yn y ffermdai...

Trwy gydol y bedwaredd ganrif ar bymtheg yng Nghymru fe rennid y gweithwyr fferm amaethyddol yn ddau brif gategori. Yn gyntaf caed y gweision fferm o'r ddau ryw, plant ac oedolion. Byddent yn cael eu llety a'u cynhaliaeth ar y fferm ac fe'u huriwyd yn flynyddol, neu ambell waith yn hanner blynyddol, ac roeddent yn ddibriod...

Yr ail ddosbarth o weithwyr cyflog oedd y gweithwyr priod allanol a fyddai'n rhentu bythynnod naill ai ar y ffermydd neu, yn gynyddol yn ystod y bedwaredd ganrif ar bymtheg, mewn pentrefi, ac fe'u cyflogid yn wythnosol...

Cynhwysai'r holl gymuned amaethyddol ffermwyr, a'u meibion a'u perthnasau, a gweithwyr cyflog amaethyddol. Nodwedd bwysig yng Nghymru oedd maint bychan y gweithlu a huriwyd a'r cyfarfaledd mwy o amaethwyr a gynhwysai ffermwyr a'u perthnasau. Felly yn 1891 cymhareb gweithwyr, ffermwyr a'u perthnasau yn Lloegr oedd 73: 20.5: 6.5, o'i chymharu â 48.4: 38.9: 12.7 yng Nghymru. Nid yw'r gymhareb isel hon o weithwyr cyflog yn syndod, gan mai unedau teuluol oedd daliadau Cymreig yn y bôn gyda'r deiliad a'i deulu, a dueddai i fod yn fawr, yn gweithio ochr yn ochr â gweithwyr cyflog pan oedd arnynt eu hangen.

(*The Agricultural Labourer in Nineteenth Century Wales,*
David W. Howell, yn *Welsh History Review, Cyfrol VI* , tud. 262-264)

(f) Honnir yn aml nad oes unrhyw fwlch cymdeithasol yn gwahanu'r ffermwyr oddi wrth y gweision fferm yng Nghymru, ac fel cyffredinoliad mae hwn cyn wired ag unrhyw un. Ond nid yw'r siawns i wella'u byd mor fawr ag y tybir yn gyffredinol, er ei bod gryn dipyn yn well nag yn y rhan fwyaf o ardaloedd Lloegr. Mae ymchwiliad a gynhaliwyd yn 1925 i darddiad cymdeithasol ffermwyr Cymreig yn dangos (yn yr 834 o achosion a archwiliwyd) fod 64% o'r ffermwyr wedi gweithio cyn hynny ar ffermydd eu tadau, bod 22% wedi cael eu hurio fel gweithwyr fferm a bod 7% wedi gwneud gwaith corfforol arall ar un adeg. Ond yng Nghymru mae nifer o weithwyr fferm yn feibion i ffermwyr, ac mae'n bwysig felly i ystyried y gwaith a wnaed gan y tadau yn ogystal â chan y dynion eu hunain. Yn y sampl dan sylw roedd 75% o'r ffermwyr yn feibion i ffermwyr, ond 11% yn unig oedd yn feibion i weithwyr fferm a 7½% yn feibion i weithwyr eraill. Cafwyd y wybodaeth hon o ardaloedd mewn un ar ddeg allan o'r tair sir ar ddeg ac fe gredir eu bod yn gynrychioliadol. Fe ddangosant fod yr ysgol amaethyddol yn fater o ffaith, er mai cyfran fach yn unig o feibion i weithwyr fferm a lwyddai mewn gwirionedd i'w dringo...

I ddringo'r ysgol hon, rhaid oedd cael cyfalaf, a ddeuai gan fwyaf o arian cynilo personol. Gallai gweithiwr fferm ifanc uchelgeisiol gynilo ei arian am rai blynyddoedd ac yna gychwyn fferm ar ei liwt ei hun. Ond hyd yn oed pe bai'n dechrau ar raddfa fach iawn byddai'n ddyn ffodus petai ganddo ddigon o gyfalaf i gyfarparu ei fferm fechan yn foddhaol a digon o incwm i ddiwallu anghenion sylfaenol ei deulu. Byddai angen mwy fyth o arian cynilo arno i ddringo ymhellach a golygai hynny fel rheol y byddai'n rhaid iddo gwtogi ar ei wario ar angenrheidiau, naill ai ar gyfer y fferm neu ar gyfer ei deulu ei hun. O gofio cyflwr annigonol y tai ar y rhan fwyaf o'r mân ddaliadau, fe welir fod hyd yn oed y mymryn lleiaf o lwyddiant ariannol yn golygu pris uchel mewn iechyd ac effeithlonrwydd. Yn wir, roedd y dringo ei hun yn dipyn o fenter. Byddai nifer o'r dechreuwyr yn aros ar rannau isaf yr ysgol ac eraill yn llwyddo i ddringo ond yna'n cwympo.

(*The Agriculture of Wales and Monmouthshire*, A.W. Ashby ac I.L. Evans, tud. 84-85)

(ff) Pwynt arall y cyfeirir ato ynglŷn ag annigonolrwydd y llety ar y ffermdai yw'r modd y trinir gweision neu weithwyr fferm sy'n byw yn y ffermdy. Mewn rhai achosion dywedwyd wrthym fod croeso iddynt dreulio'r nosweithiau yn y gegin; ond yn y mwyafrif o achosion prin iawn y mae hynny'n digwydd, am y rheswm syml nad oes lle sbâr ar eu cyfer. Ar y mater yma dywedodd Mr Samuel Hughes, cadeirydd cyngor Sir Fôn, 'nad edrychir yn rhy garedig ar y gweithwyr fferm os ydynt yn aros yn y tŷ adeg y nos yn y gaeaf; mae disgwyl iddynt fynd i'w stabl ac i'w llofft.' Cadarnheir y datganiad hwn gan dystiolaeth Mr Richard Rowlands, a oedd yn was fferm; dywedodd hwnnw y gallent fynd i'r gegin am gyfnod, ond yn y rhan fwyaf o leoedd byddent yn cael eu hel allan, oherwydd y byddai'r ffermwr yn awyddus i wneud defnydd arall o'r ystafell honno...

Yn y mwyafrif o ffermdai modern mae ar gael, ar wahân i gegin a chegin gefn, ystafell a elwir yn barlwr, ac fe gedwir honno fel rheol ar gyfer argyfwng, megis pan fydd dieithriaid yn galw a'r ffermwr neu ei wraig yn awyddus i ddangos parch tuag ato – er enghraifft, gweinidog yr efengyl... Fel rheol ceir bwrdd mawr yng nghanol yr ystafell, gyda Beibl arno ynghyd â llyfrau eraill na chaiff eu defnyddio o gwbl, a nifer o gadeiriau, gydag antimacasar ar gyfer pob un...

Rydym wedi derbyn toreth o dystiolaeth yn ymwneud â bythynnod y gweithwyr, ac fe allwn ddweud yn gryno eu bod yn amrywio o'r bythynnod hŷn, sy'n cynnwys bocs sgwâr gyda dau dwll neu dri i wasanaethu fel drws, ffenest a simne, i'r enghreifftiau mwy diweddar sydd â thair ystafell i fyny'r llofft, a pharlwr a chegin ar y llawr isaf... Mynegir disgrifiad llai ffafriol gan Mr Thos. Prichard wrth sôn am fythynnod yn Aberffraw yn Sir Fôn. Cyfaddefai iddynt gael eu hadeiladu amser maith yn ôl dan hen lesi a'u bod yn wael iawn, ond nid dyna agwedd waethaf yr enghraifft hon yn ei farn ef, fel y dadlennir gan y canlynol: 'Arferion y bobl yw'r broblem. Maent yn cadw hwyaid yno, ac mae'r lloriau wedi eu gwneud o fwd, ac fe wnânt byllau hwyaid yn eu tai; byddant yn bwydo'r hwyaid ifainc yn y pyllau hynny. Does dim ots pa mor dda yw'r bwthyn, os bydd pobl yn mynnu cadw dofednod a'u baw yn y tŷ, fyddwch chi ddim yn gwybod beth i'w wneud â nhw...'

Dechreuwn gyda deiet y ffermwyr a'r gweision, gan ddatgan o'r cychwyn nad ydym wedi gweld unrhyw reswm dros wahaniaethu rhwng tenantiaid ffermydd a mân rydd-ddeiliaid; ac yn gyffredinol, gallwn ddweud o ran bwyd mai bach iawn o wahaniaeth sydd rhwng teulu'r ffermwr bach a theulu'r gwas fferm. Yn wir, mewn rhai achosion mae'r ffermwr yn cael bywyd llawn mor galed â'i was a chaletach na'r crefftwyr a'r glöwyr sydd yn ei ardal...

Fe wnaeth Mr David Davies, gwas fferm sy'n byw ym mhlwyf Llangybi yn Sir Gaernarfon, y datganiad canlynol: 'Nid yw bwyd y ffermwr o'r safon orau posibl. Mae'n cynnwys fel rheol gig wedi ei halltu, a gaiff ei gadw am oddeutu blwyddyn nes ei fod yn galed ac yn anodd ei fwyta. Nid yw teulu'r ffermwr na'i weision yn cael cig ffres yn aml, ond pan gânt ef, dim ond pen buwch neu fochyn pan gaiff ei ladd y byddant yn ei gael. Ar y cyfan pan leddir buwch er defnydd y ffermwr, un na ellid ei gwerthu i'r cigydd yw. Os yw'r fuwch yn un dda, fe gaiff ei gwerthu er mwyn talu'r rhent. Mae'r bara'n well nag yr oedd yn arfer bod, am eu bod wedi methu pobi bara barlys yn ystod y blynyddoedd diwethaf, ac fe orfodir i'r ffermwyr brynu bara gwenith. Mae'r menyn ar y cyfan yn ffres ac yn dda, ond ychydig yn unig ohono y gall y ffermwyr fforddio'i roi i'r gweision a bach iawn ohono a roddant i'w plant eu hunain...'

Meddai Mr W.O. Brigstocke, wrth siarad yn gyffredinol am y ffermwyr yn undebau Sir Aberteifi a Chastell Newydd Emlyn: 'Mae'r tenant fferm Cymreig yn byw'n gynnil a darbodus, ac mae ei ddeiet, er ei fod yn eithaf garw, yn iachus a digonol. Mae'n cynnwys te, bara, menyn, caws, llaeth, cig moch a llysiau; prin y gwelir cig ffres ar y bwrdd, ac ychydig o wahaniaeth sydd rhwng deiet y ffermwr cyffredin a deiet y gwas.' Ond meddai Mr J.C. Jones sy'n masnachu yn Llanarth yn ardal Aberaeron, Sir Aberteifi, ar sail gwybodaeth fanwl o ardal fwy cyfyng, wrth ddisgrifio'r deiet arferol: 'Mae bwyd y tenantiaid fel dosbarth yn wael... Prif bryd y dydd yw cawl, gyda chig moch neu gig eidion sych a thatws. Mae cig ffres allan o'r cwestiwn...'

Dywedodd Miss Kate Jenkins am blwyf Llangadog: 'Mae bywyd yn dlawd a chynnil, hyd yn oed ar y ffermydd mwy; cig ffres ar Ddydd Sul yn unig, yn aml dim o gwbl; dim menyn na chig i frecwast. Ni wnânt fwyta menyn os oes dwsin o dybiau yn y llaethdy; fe'i defnyddir i dalu'r rhent. Ceir cawl i ginio bob dydd, gydag ychydig o gig hallt; rwyf wedi bod mewn fferm lle nad oeddent yn bwyta ond cawl o flawd ceirch a thatws heb ddim cig o gwbl. Bydd ffermwyr yn cynnig te a bara menyn i chi i ginio fel tamaid moethus. Yn ddiwyd iawn, heb fawr ddim amser hamdden, ac eithrio mynd i'r farchnad. Dim gwyliau, ar wahân i'r meibion efallai yn mynd i ffwrdd ar y trên am ddau ddiwrnod, neu'r merched yn mynd i lan y môr am ychydig ddiwrnodau. Dim ystafelloedd darllen na diddanwch, ac yn aflwyddiannus pan geisiwyd creu hynny. Yr ysgolion cân a'r eisteddfodau yw'r unig adloniant a geir. Edrychir ar bapur newydd wythnosol fel moethusrwydd...'

Daw hyn â ni at destun y coginio ymysg ffermwyr. Fel rheol, bydd gwraig y ffermwr bach yn cymryd rhan yn y coginio, neu o leiaf yn gwneud ymgais i'w oruchwylio, ac yn ddiau mae cryn dipyn o gysur y teulu yn dibynnu ar ei medrusrwydd hi a medrusrwydd ei morwyn sy'n gwneud y coginio...

Nododd Mr John Thomas, tenant fferm a gwerthwr menyn, yn ei dystiolaeth gerbron y Comisiwn yn Llandeilo, fod nifer o ffermydd a chanddynt adeiladau gwael. Fe roddodd fanylion am rai, gan ddweud y gwyddai 'am un fferm lle roedd yr holl adeiladau yn affwysol wael, gyda'r ffermwr a'i wraig yn gorfod cysgu i lawr grisiau, a'r dynion a'r gweision, y saer, y teiliwr a'r meibion ar eu gwyliau, yn gorfod cysgu yn yr un ystafell i fyny'r grisiau; fferm arall, gyda rhent o £80, lle byddai'n rhaid i ymwelydd gysgu naill ai gyda'r gwas uwchben y gwartheg, neu yn yr un ystafell â'r forwyn.' Cynigiwn un esiampl arall: 'Mewn fferm arall, lle mae'r rhent yn £88, dim ond un lle tân sydd yno, a hwnnw yn y gegin, yr unig ystafell lle gall y menywod fynd ymlaen â'u gwaith.'

(*The Welsh People*, John Rhys, Brynmor Jones,
tud. 551-556, 564, 573, 575-577)

(g)

Aelwyd Penrhos, Maenclochog, Sir Benfro
(*Life and Tradition in Rural Wales*, J. Geraint Jenkins, llun 113)

(ng)

Ffermdy Kennixton, o Langennydd, Bro Gŵyr. Mae'r aelwyd ar yr un lefel â'r llawr. Ar yr ochr chwith ceir gwely cwpwrdd.
(*Life and Tradition in Rural Wales*, J. Geraint Jenkins, llun 114)

ADRAN CH
CYFNOD O NEWID

1. **Roedd diboblogi'n gyffredin i bob ardal yn y Gymru wledig yn y cyfnod 1880-1920.**

(a) **Plwyf Troedyraur**

Cyfradd ddegawdol y gostyngiad mewn poblogaeth

Cyfnod Degawdol	Gostyngiad	Cyfradd y gostyngiad mewn poblogaeth
1831-1841	1	0%
1841-1851	43	4%
1851-1861	46	4.5%
1861-1871	124	14%
1871-1881	14	2%
1881-1891	1	0%
1891-1901	63	8%
1901-1911	14	2%
1911-1921	23	3%
1921-1931	129	18%.

(*The Agricultural Community in South-west Wales at the Turn of the Twentieth Century*, David Jenkins, tud. 250)

(b) Beth yn eich barn chi yw achosion y dirywiad sydd wedi digwydd yn y boblogaeth amaethyddol yn eich ardaloedd chi? O chwe sir fe ddaeth yr ateb fod diboblogi cefn gwlad yn deillio'n rhannol o brinder bythynnod ac o gyflwr presennol y bythynnod. Er enghraifft, o Frycheiniog daeth yr ateb: 'Mae diboblogi i'w briodoli'n rhannol i brinder bythynnod addas ar y ffermydd mawr yn y cylchoedd gwledig. Mae cannoedd ohonynt wedi cael eu gadael i ddadfeilio yn y sir hon ac yn y siroedd cyfagos...'

Yn ogystal â hynny, yn Sir Benfro fe ddywedir fod yr hen fythynnod yn mynd â'u pen iddynt a dydyn nhw ddim yn cael eu disodli. O fewn dwy filltir i'r fan yma mae yna ffermydd o ryw 300 o erwau gydag un bwthyn yn unig ar bob un lle dylai fod tri neu bedwar; a naw fferm rhwng 100 a 200 o erwau lle nad oes yr un bwthyn o gwbl. Yn fy mhlwyf i fy hun o 1,430 o erwau, mae un ar ddeg o fythynnod wedi dadfeilio yn ystod y deugain mlynedd diwethaf, a phedwar yn unig o rai newydd sydd wedi eu hadeiladu, ynghyd ag ysgubor sydd wedi ei newid i fod yn fwthyn.

ADRODDIADAU SWYDDOGION MEDDYGOL IECHYD

Sir Fôn (Adroddiad 1912)

Mewn rhai mannau mae'r tai yn orlawn o bobl, Yn yr ardaloedd gwledig y mae hyn ar ei fwyaf cyffredin, lle mae'r bwthyn gyda dwy ystafell mor gyffredin, a lle mae teulu o dri neu bedwar person yn achosi'r gorbreswylio.

ABERYSTWYTH GWLEDIG (DE): – Mae'r lleoedd byw yn yr ardaloedd gwledig yn broblem sy'n hawlio sylw'r Senedd – yn ddiymdroi. Mae nifer mawr o'r tai mewn cyflwr anfoddhaol, gyda chyflwr rhai ohonynt yn ofnadwy. Effaith hyn yw lleihau cryfder y boblogaeth a rhwystro safon dderbyniol o gysur ym mywydau'r bobl.

Tai

1. Mae cyflwr y tai yn yr ardaloedd gwledig yn echrydus. Mewn nifer o rannau o Gymru mae prinder bythynnod, ond yr hyn sy'n bwysicach yw nad oes un ardal lle mae cyflenwad digonol o fythynnod addas, sydd wedi eu hadeiladu'n iawn ac sydd â digon o le ynddynt i gwrdd â gofynion teulu cyffredin o ran maint.

2. Does braidd dim menter breifat ar gyfer adeiladu bythynnod.

3. Hyd yn hyn mae'r awdurdodau lleol wedi methu'n llwyr â chwrdd â'r angen.

(*Welsh Land, The Report of the Welsh Land Enquiry Committee, Rural, 1914,* tud. 262, 265, 373-374)

(c) Nid oes gagendor mawr yn gwahanu'r gweithiwr fferm oddi wrth y ffermwr, ond mae'r gweithiwr, os yw'n ddarbodus a diwyd, yn dyheu bob amser am safle'r tenant fferm ac yn aml mae'n llwyddo i wireddu ei amcanion ac ambell waith mae anffawd neu afradlonedd yn gorfodi'r ffermwr i gynnig ei hun fel gweithiwr amaethyddol. Nid oes wal ddiadlam na gagendor cymdeithasol nac ymdeimlad o gast rhwng y ddau ddosbarth fel sydd, i raddau helaeth, rhwng y tirfeddiannwr a'r tenant. Mae dosbarth y gweision yn uno gyda'r dosbarth amaethu, ac mae plant y ffermwr yn aml yn ei chael hi'n hwylus a phroffidiol i weithio fel gweision fferm ar fferm arall yn y gymdogaeth.

Rydym eisoes wedi gweld y bu gostyngiad o 40% yn nifer y gweithwyr amaethyddol yng Nghymru rhwng 1851 ac 1891.

Oherwydd y lleihad hwn o ran nifer, mae prinder gweithwyr effeithlon, ac o ganlyniad mae bechgyn o ysgolion diwydiannol yn Lloegr wedi dod i Dde Cymru yn y blynyddoedd diweddar i weithio ar ffermydd...

Mae gweithwyr benywaidd wedi gostwng i raddau mwy o lawer na dynion yn ystod y 40 mlynedd diwethaf, a disgrifir y canlyniad fel a ganlyn:

'Mae'r anhawster y mae'r ffermwr yn ei gael i sicrhau gwas neu weithiwr fferm bron yn ddibwys o'i gymharu â'r anhawster mwy o lawer i gyflogi morynion addas. Er enghraifft, os yw'r ffermwr yn colli gwasanaeth morwyn drwy afiechyd neu drwy dorri cytundeb yng nghanol ei thymor neu flwyddyn, mae bron yn amhosibl mewn nifer o ardaloedd i gael rhywun i gymryd ei lle hi; ac yn aml mae gwraig y ffermwr yn gorfod ymdopi cystal ag y gall hi, weithiau gyda chymorth achlysurol oddi wrth wraig i gymydog, hyd nes y daw tymor y cyflogi.

Dywedir fod lledaeniad addysg er 1870 wedi chwyldroi safle merched yng Nghymru, ac ar hyn o bryd caiff y rhai mwyaf deallus ac uchelgeisiol, yn ogystal â'r rhai balch a diog, eu denu i bob math o alwedigaethau amgenach na ffermio, gan adael y nifer bychan sy'n weddill i'r ffermwr ddewis rhyngddynt.

(*The Welsh Land Commission: A Digest of its Report, 1896,* D. Lleufer Thomas, tud. 335-336)

(ch)

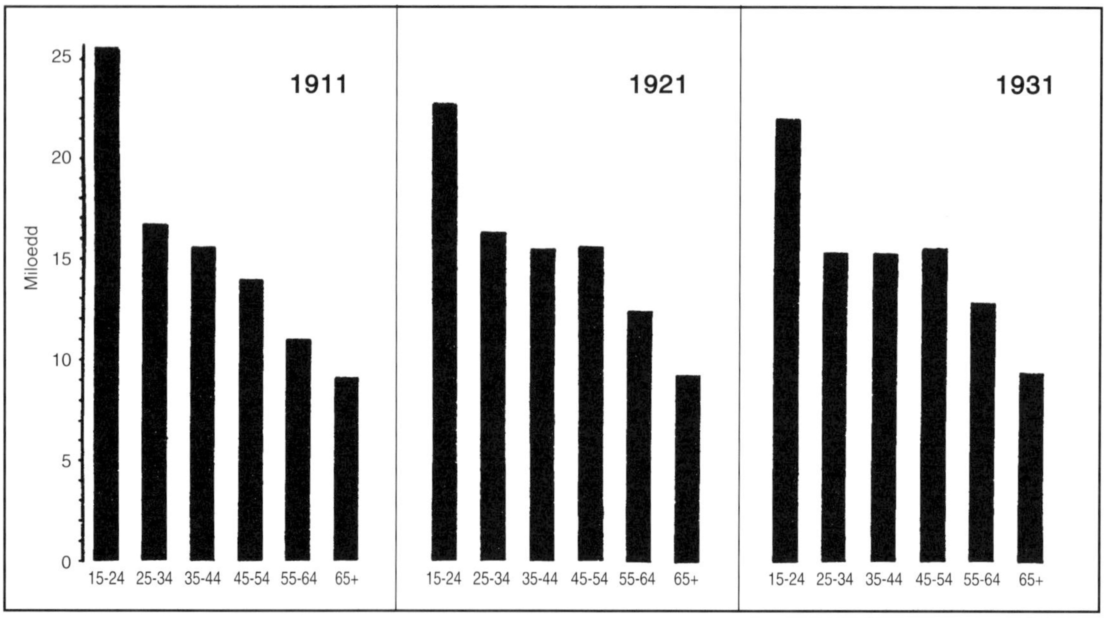

Dosbarthiad oed gwrywod (15 oed a mwy) mewn gwaith amaethyddol
yng Nghymru, 1911-1931

(*The Agriculture of Wales and Monmouthshire,* A.W. Ashby ac I.L. Evans, tud. 78)

(d)

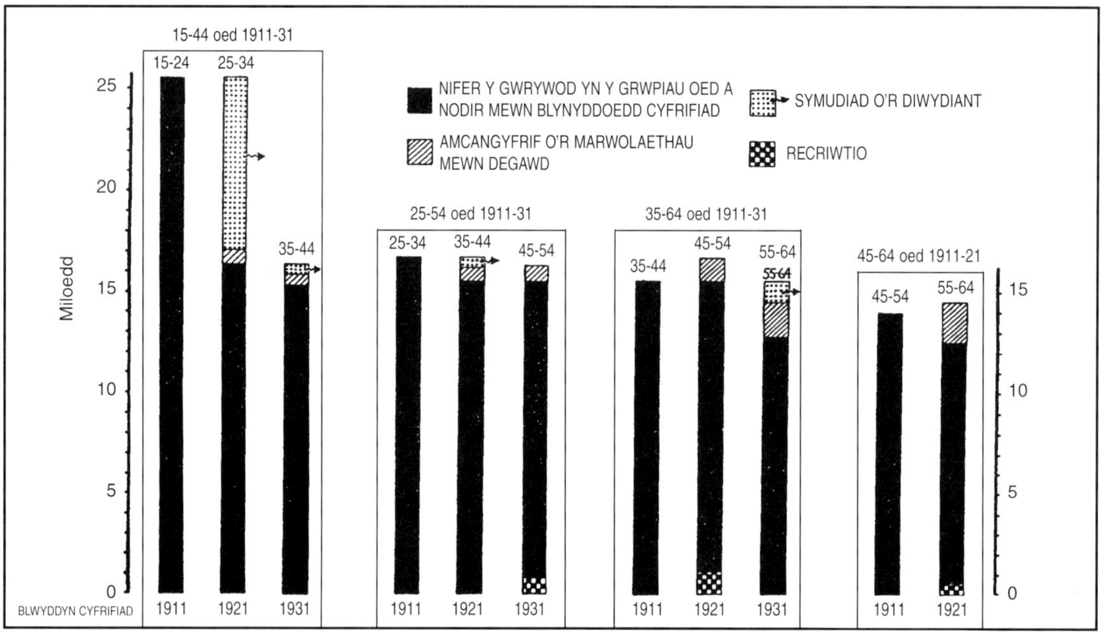

Recriwtio a cholled gwrywod mewn gwaith amaethyddol yng Nghymru, 1911-1931

(*The Agriculture of Wales and Monmouthshire,* A.W. Ashby ac I.L. Evans, tud.79)

2. **Yn sgil twf addysg orfodol mewn ysgolion cynradd ar ôl 1870, ynghyd â datblygiad ysgolion uwchradd wedi 1889 a chyfundrefn o golegau addysg uwch wedi 1872, fe gafwyd cyfleoedd galwedigaethol newydd. Roedd cyfartaledd y myfyrwyr a fynychai ysgolion uwchradd a phrifysgolion o'r ardaloedd gwledig yn uwch yng Nghymru nag yn Lloegr. Fe wnaeth sawl mân ffermwr Cymreig, drwy aberth mawr i'w wraig a'i deulu, gymell o leiaf un o'i feibion ac ambell waith un neu ragor o'i ferched i ymuno â phroffesiwn parchus megis dysgu neu'r weinidogaeth, a ystyrir yn gyffredinol yn uwch eu parch na ffermio.**

Ceir mwy o dystiolaeth am ddiboblogi yn y llyfr *Poblogaeth Cymru 1880-1920*. Agwedd bwysig arall ar y newid a ddigwyddodd yng nghefn gwlad oedd y cynnydd mewn amaethyddiaeth fugeiliol.

(a) Trwy gyfrwng y dulliau newydd o amaethu a gafwyd yn ystod ail hanner y ddeunawfed ganrif a hanner cyntaf y bedwaredd ganrif ar bymtheg, galluogwyd i Brydain fwydo poblogaeth fwy o lawer ac i ddarparu gorged o lafur ar gyfer diwydiant... Wedi hynny, ac yn fwy arbennig yn ystod chwarter ola'r ganrif ddiwethaf, daeth twf pellach diwydiant ym Mhrydain i ddibynnu fwyfwy ar fewnforio bwyd rhad o'r Byd Newydd lle roedd arloeswyr mentrus yn elwa ar ffrwythlondeb naturiol y tir. Arweiniodd yr ail gyfnod yn hanes y twf diwydiannol newydd at ddulliau newydd o amaethu. Gellid cwrdd â'r galw am fara drwy ddibynnu fwy ar fewnforion rhad o wledydd tramor nac ar wenith a dyfid gartref. Nid yw Cymru yn wirioneddol addas ar gyfer tyfu gwenith a byddai'r ffermwr Cymreig yn ei chael hi'n fwy proffidiol i brynu blawd a fewnforiwyd yn hytrach na chynhyrchu ei ŷd ei hun. Bu lleihad ym maint y tir gwenith yn y Dywysogaeth o 147,000 o erwau yn 1871 i ddim mwy nag 13,000 o erwau yn 1939. Roedd effeithlonrwydd cynyddol llafur diwydiannol yn sail i gynnydd mewn safon byw, a arweiniodd yn rhannol at fwy o amrywiaeth yn y deiet cenedlaethol. Achosodd hyn yn ei dro gynnydd yn y galw am gynnyrch da byw ac fel gwlad fugeiliol gallai Cymru elwa'n fawr ar hynny. Bu codiad o 35% yn nifer y gwartheg yn y Dywysogaeth o 635,000 yn 1871 i 859,000 yn 1939, a chodiad o 60% yn nifer y defaid o 2,885,000 i 4,648,000 yn ystod yr un cyfnod.

(*The Agriculture of Wales and Monmouthshire*, A.W. Ashby ac I.L. Evans, tud. 167-168)

(b)

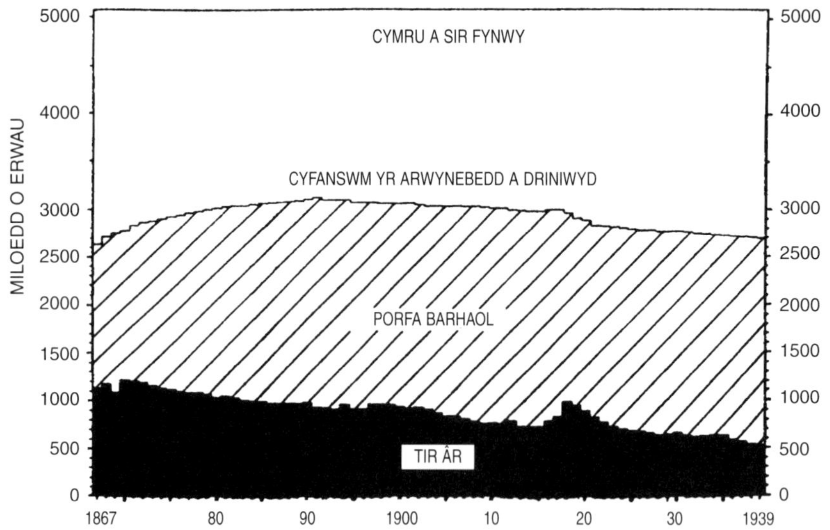

Cyfanswm yr arwynebedd a driniwyd – âr a glaswellt parhaol – 1867-1939

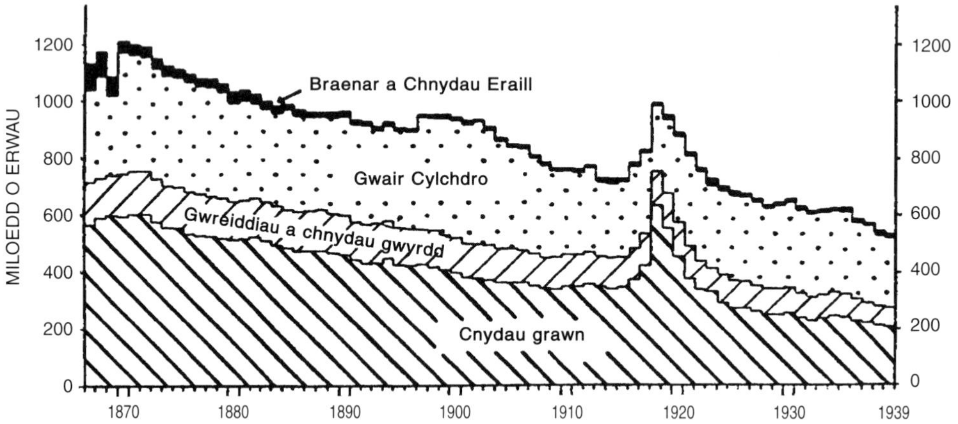

Dosbarthiad yr arwynebedd âr, 1867-1939

(*The Agriculture of Wales and Monmouthshire*, A.W. Ashby ac I.L. Evans, tud. 10)

(c)

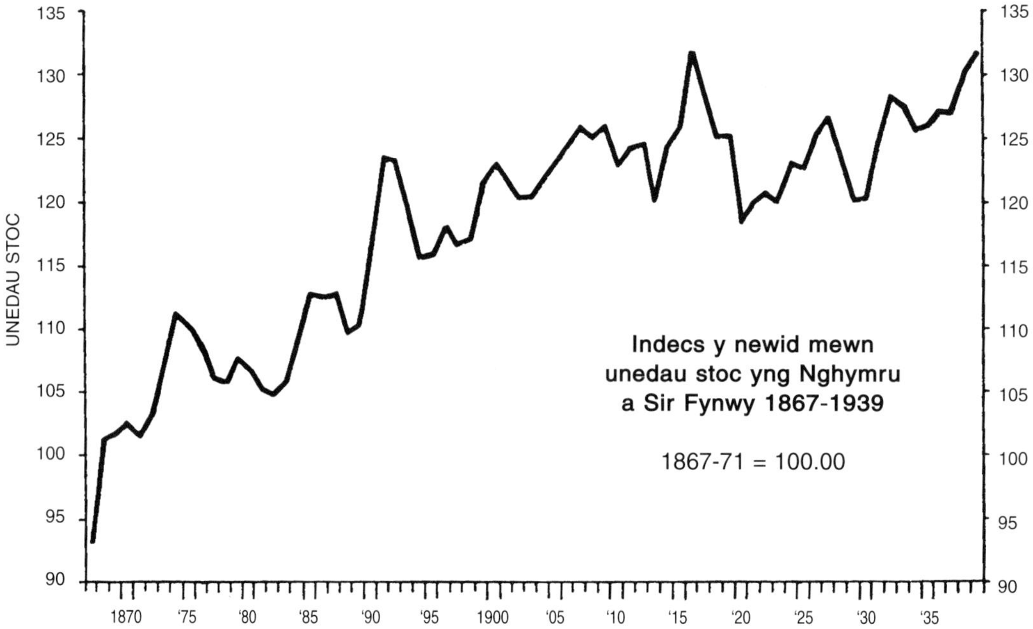

Nifer y da byw mewn unedau stoc, 1867-1939

(*The Agriculture of Wales and Monmouthshire*, A.W. Ashby ac I.L. Evans, tud. 12)

(ch) DEFAID: Cymru a Sir Fynwy, 1867-1939

Blwyddyn	Mamogiaid ar gyfer bridio	Blwydd oed neu fwy	Hyrddod a hyrddod bridio	Defaid eraill dan flwydd	Cyfanswm
1867	1,635,883		-	774,263	2,410,146
1868	1,995,150		-	918,937	2,874,087
1869	2,004,524		-	918,290	2,922,814
1870	2,023,788		-	878,659	2,902,447
1871	2,007,456		-	877,663	2,885,119
1872	2,089,027		-	962,604	3,051,631
1873	2,188,044		-	986,101	3,174,145
1874	2,254,009		-	1,024,379	3,278,388
1875	2,225,111		-	938,282	3,163,393
1876	2,133,163		-	934,433	3,067,596
1877	2,097,475		-	953,572	3,051,047
1878	2,124,408		-	998,071	3,122,479
1879	2,121,578		-	919,383	3,040,961
1880	1,992,401		-	852,667	2,845,068
1881	1,851,997		-	732,350	2,584,347
1882	1,833,747		-	819,009	2,652,756
1883	1,860,190		-	866,368	2,726,558
1884	1,888,944		-	932,493	2,821,437
1885	1,960,964		-	991,650	2,952,614
1886	1,882,051		-	811,544	2,693,595
1887	1,915,266		-	1,006,636	2,921,902
1888	1,950,216		-	966,451	2,916,667
1889	1,992,020		-	1,028,240	3,020,260
1890	2,107,416		-	1,162,605	3,270,021
1891	2,278,491		-	1,181,739	3,460,230
1892	2,302,710		-	1,129,853	3,432,563
1893	1,220,909	988,402	-	1,105,174	3,314,485
1894	1,205,594	956,297	-	1,109,755	3,271,646
1895	1,215,855	938,233	-	1,049,027	3,201,115
1896	1,301,368	909,658	-	1,209,763	3,420,789
1897	1,323,837	904,729	-	1,171,143	3,399,709
1898	1,359,764	869,922	-	1,252,260	3,481,946
1899	1,424,257	898,770	-	1,316,516	3,639,543
1900	1,454,437	918,735	-	1,286,486	3,659,658
1901	1,459,016	888,657	-	1,307,993	3,655,666
1902	1,469,158	878,970	-	1,347,673	3,695,801
1903	1,498,202	871,277	-	1,379,119	3,748,598
1904	1,516,073	869,406	-	1,342,768	3,728,247
1905	1,534,296	852,767	-	1,380,857	3,767,920
1906	1,561,923	859,638	-	1,400,368	3,821,929
1907	1,616,385	860,864	-	1,466,612	3,943,861
1908	1,653,215	856,673	-	1,462,681	3,972,569
1909	1,693,567	874,813	-	1,486,186	4,054,566
1910	1,646,722	855,043	-	1,435,855	3,937,620
1911	1,613,157	835,412	-	1,380,823	3,829,392
1912	1,594,071	801,127	-	1,382,414	3,777,612
1913	1,512,462	802,091	-	1,285,332	3,599,885
1914	1,609,919	768,273	-	1,440,070	3,818,262
1915	1,668,594	756,352	-	1,501,394	3,926,340
1916	1,769,620	815,003	-	1,532,325	4,116,948
1917	1,727,772	761,671	-	1,408,455	3,897,898
1918	1,616,046	660,501	-	1,427,703	3,704,250
1919	1,478,458	661,486	50,513	1,224,673	3,415,130
1920	1,402,881	626,012	46,948	1,255,282	3,331,123
1921	1,433,351	607,623	46,688	1,304,509	3,392,171
1922	1,486,345	587,419	44,958	1,321,794	3,440,516
1923	1,513,736	599,487	45,484	1,360,473	3,519,180
1924	1,639,535	586,109	49,926	1,465,610	3,741,180
1925	1,712,540	581,182	50,177	1,547,141	3,891,040
1926	1,819,285	596,760	53,300	1,667,848	4,137,193
1927	1,885,705	591,500	53,722	1,700,704	4,231,031
1928	1,825,105	575,907	52,278	1,547,194	4,000,484
1929	1,812,033	519,771	51,900	1,561,662	3,945,366
1930	1,877,364	513,468	54,304	1,657,269	4,102,405
1931	1,967,379	530,575	58,070	1,765,684	4,321,708
1932	2,012,022	546,855	59,088	1,743,588	4,361,553
1933	2,030,815	490,892	61,220	1,734,543	4,317,470
1934	1,982,467	359,413	58,116	1,773,560	4,173,556
1935	2,003,834	372,334	62,334	1,839,107	4,277,609
1936	2,057,294	364,701	63,266	1,862,470	4,347,731
1937	2,070,173	253,312	66,540	2,073,322	4,463,347
1938	2,407,008*	237,818	108,719	1,814,196	4,567,741
1939	2,464,873*	226,129	103,540	1,853,886	4,648,428

* Gan fod y ffigurau hyn yn cynnwys mamogiaid dau-ddant, ni ellir cymharu'r ffigurau hyn â'r blynyddoedd eraill. Nifer y mamogiaid dau-ddant oedd 400,514 yn 1938 a 420,591 yn 1939.

(*The Agriculture of Wales and Monmouthshire*, A.W. Ashby ac I.L. Evans, tud. 220-221)

(d) GWARTHEG: Cymru a Sir Fynwy, 1867-1939

Blwyddyn	Buchod a heffrod blith a beichiog†	Heffrod beichiog	Teirw ar gyfer bridio	Gwartheg eraill dan flwydd	Gwartheg 1-2 flwydd	Gwartheg 2 flwydd a mwy	Cyfanswm
1867	259,931	-	-	200,142		119,633	579,706
1868	270,479	-	-	231,535		129,857	631,871
1869	272,436	-	-	225,086		130,528	628,050
1870	271,816	-	-	240,697		132,440	644,953
1871	265,286	-	-	242,492		127,367	635,145
1872	265,602	-	-	258,137		117,918	641,657
1873	275,167	-	-	293,412		116,593	685,172
1874	280,008	-	-	294,482		136,208	710,698
1875	276,949	-	-	264,900		153,266	695,115
1876	275,010	-	-	256,682		147,174	678,866
1877	269,412	-	-	256,612		130,563	656,587
1878	267,582	-	-	259,081		121,126	647,789
1879	277,379	-	-	286,770		121,312	685,461
1880	277,062	-	-	283,484		136,090	696,636
1881	276,697	-	-	278,634		143,525	698,856
1882	276,348	-	-	285,732		126,598	688,678
1883	276,833	-	-	303,333		116,903	697,069
1884	284,049	-	-	321,710		122,544	728,303
1885	298,547	-	-	327,354		133,512	759,413
1886	302,594	-	-	317,099		151,722	771,415
1887	301,571	-	-	301,423		143,245	746,239
1888	293,112	-	-	288,778		129,741	711,631
1889	289,612	-	-	297,076		123,933	710,621
1890	300,768	-	-	336,364		114,876	752,008
1891	314,303	-	-	358,680		136,805	809,788
1892	311,333	-	-	338,671		157,135	807,139
1893	299,827	-	-	165,927	171,485	150,645	787,884
1894	290,064	-	-	163,663	156,494	130,212	740,433
1895	293,246	-	-	183,055	159,366	113,699	749,366
1896	292,291	-	-	188,366	175,096	103,276	759,029
1897	289,943	-	-	180,933	179,612	103,915	754,403
1898	291,726	-	-	186,360	168,928	100,585	747,599
1899	304,311	-	-	206,263	179,458	95,274	785,306
1900	305,022	-	-	203,912	196,444	102,807	808,185
1901	298,925	-	-	197,912	190,272	104,239	791,348
1902	293,442	-	-	188,713	183,932	102,682	768,769
1903	292,282	-	-	196,605	173,723	95,554	758,164
1904	296,327	-	-	201,112	187,455	93,032	777,926
1905	299,316	-	-	200,820	189,486	100,026	789,648
1906	302,761	-	-	198,478	192,520	104,663	798,422
1907	306,985	-	-	191,044	184,731	106,016	788,776
1908	304,163	-	-	199,904	183,387	94,715	782,169
1909	304,646	-	-	206,150	192,377	91,357	794,530
1910	300,690	-	-	200,383	193,977	94,746	789,796
1911	302,889	-	-	202,558	185,287	98,698	789,432
1912	304,249	-	-	197,224	197,396	104,435	803,304
1913	283,040	-	-	199,611	182,055	109,840	774,546
1914	290,314	28,841	-	217,060	190,442	81,246	807,903
1915	292,431	28,858	-	227,379	207,573	80,963	837,204
1916	293,226	33,243	-	231,618	215,960	94,601	868,648
1917	286,922	36,102	-	224,000	218,910	92,767	858,701
1918	288,679	31,339	-	217,860	212,351	80,344	830,573
1919	296,876	29,025	13,655	205,721	211,997	102,065	859,339
1920	280,399	25,095	13,010	163,460	184,975	107,368	774,307
1921	288,597	31,773	13,125	188,665	157,299	90,531	769,990
1922	299,355	30,980	12,696	183,578	190,102	82,929	799,640
1923	298,108	30,189	11,875	186,243	180,788	82,938	790,141
1924	298,547	33,072	11,972	192,898	180,654	81,505	798,648
1925	300,556	32,143	12,136	199,848	184,666	88,716	818,065
1926	300,137	34,212	12,010	196,212	189,600	84,411	816,582
1927	308,288	35,585	11,891	204,376	186,683	81,974	828,797
1928	302,921	30,000	11,253	195,390	195,220	83,273	818,057
1929	296,911	33,787	10,848	183,572	185,628	82,950	793,696
1930	299,532	37,601	11,395	189,039	170,315	76,868	784,750
1931	305,303	39,118	11,999	207,219	182,559	73,689	819,887
1932	314,078	36,368	11,707	211,442	199,265	84,982	857,842
1933	315,916	38,593	12,112	201,087	200,765	88,384	856,857
1934	317,226	36,780	12,093	194,636	199,868	92,417	853,020
1935	318,462	41,753	9,645	184,747*	191,487	85,484	831,578
1936	322,142	41,967	9,208	201,202*	185,404	82,403	842,326
1937	320,257	43,820	9,535	202,367*	192,837	75,252	844,068
1938	318,101	43,363	9,634	212,332*	196,334	78,879	858,643
1939	321,534	45,015	9,868	192,186*	201,928	88,066	858,597

†Buchod a heffrod blith a beichiog hyd at 1913; buchod blith a beichiog ar ôl hynny, dangosir yr heffrod ar wahân.
* Mae'r ffigurau ar ôl 1935 yn gwahaniaethu 'Teirw wedi'u magu ar gyfer bridio' – 4,848 yn 1935; 5,265 yn 1936; 4,527 yn 1937; 5,131 yn 1938; a 4,594 yn 1939. Mae'r rhain yn cael eu cynnwys yn y golofn 'Gwartheg eraill dan flwydd'.

(*The Agriculture of Wales and Monmouthshire*, A.W. Ashby ac I.L. Evans, tud. 218-219)

(dd) CNYDAU A GWEIRIAU: Cymru a Sir Fynwy,1867-1939 (Miloedd o Erwau)

Blwyddyn	Ardal a driniwyd	Gwair yn barhaol	Âr	Ŷd a chodlysiau	Cnydau gwyrdd a gwraidd	Gwair cylchdro	Braenar a chnydau eraill
1867	2,625	1,495	1,130	564	154	319	93
1868	2,719	1,546	1,173	592	143	348	90
1869	2,750	1,668	1,082	600	142	276	64
1870	2,769	1,555	1,214	597	147	427	43
1871	2,831	1,628	1,203	604	153	403	43
1872	2,861	1,666	1,195	604	152	399	40
1873	2,873	1,722	1,151	578	148	384	41
1874	2,907	1,782	1,125	555	145	386	39
1875	2,928	1,816	1,112	552	145	384	31
1876	2,945	1,850	1,095	536	143	384	32
1877	2,967	1,888	1,079	532	143	375	29
1878	2,984	1,905	1,079	529	136	380	34
1879	2,997	1,937	1,060	519	140	368	33
1880	3,006	1,974	1,032	514	131	349	38
1881	3,028	1,989	1,039	518	136	347	38
1882	3,036	2,013	1,023	524	136	329	34
1883	3,043	2,044	999	507	136	324	32
1884	3,053	2,068	985	494	137	324	30
1885	3,062	2,073	989	481	136	352	20
1886	3,066	2,098	968	476	134	337	21
1887	3,076	2,115	961	477	137	330	17
1888	3,086	2,125	961	478	140	325	18
1889	3,099	2,137	962	471	135	335	21
1890	3,110	2,146	964	461	136	347	20
1891	3,133	2,203	930	443	133	341	13
1892	3,104	2,175	929	431	131	353	14
1893	3,101	2,193	908	435	130	332	11
1894	3,101	2,176	925	448	131	336	10
1895	3,081	2,173	908	424	129	344	11
1896	3,077	2,172	905	422	128	343	12
1897	3,076	2,123	953	425	127	390	11
1898	3,069	2,117	952	419	124	397	12
1899	3,066	2,115	951	406	125	410	10
1900	3,067	2,126	941	399	122	411	9
1901	3,066	2,138	928	381	119	417	11
1902	3,053	2,121	932	382	119	424	7
1903	3,043	2,136	907	377	116	404	10
1904	3,041	2,174	867	364	115	380	8
1905	3,037	2,191	846	364	114	360	8
1906	3,035	2,190	845	363	113	360	9
1907	3,034	2,225	809	354	112	334	9
1908	3,028	2,246	782	341	109	323	9
1909	3,023	2,259	764	342	111	303	8
1910	3,017	2,253	764	352	109	295	8
1911	3,009	2,250	759	351	109	292	7
1912	2,998	2,224	774	360	110	296	8
1913	2,991	2,262	729	347	106	265	11
1914	2,982	2,257	725	340	106	269	10
1915	2,978	2,251	727	347	110	261	9
1916	2,992	2,210	782	377	107	289	9
1917	2,993	2,167	826	425	111	283	7
1918	2,958	1,970	988	637	118	226	7
1919	2,907	1,958	949	552	123	257	17
1920	2,886	2,998	888	457	118	298	15
1921	2,823	2,004	819	380	108	317	14
1922	2,821	2,054	767	340	100	315	12
1923	2,815	2,085	730	317	99	298	16
1924	2,805	2,104	701	293	97	296	15
1925	2,790	2,108	682	275	94	298	15
1926	2,780	2,105	675	276	91	294	14
1927	2,778	2,122	656	266	91	287	12
1928	2,766	2,131	635	255	87	280	13
1929	2,762	2,117	645	257	86	290	12
1930	2,761	2,104	657	260	86	299	12
1931	2,755	2,127	628	241	83	291	13
1932	2,748	2,133	615	234	83	285	13
1933	2,743	2,124	619	240	83	284	12
1934	2,736	2,112	624	247	84	282	11
1935	2,724	2,101	623	243	82	286	12
1936	2,715	2,133	582	230	78	262	12
1937	2,708	2,142	566	224	74	263	5
1938	2,703	2,159	544	217	71	242	14
1939	2,697	2,159	538	212	67	245	14

(*The Agriculture of Wales and Monmouthshire*, A.W. Ashby ac I.L. Evans, tud. 210-211)

(e) Cyfyngir cynhyrchu llaeth ar gyfer ei werthu i ddyffrynnoedd y Tywi a'r Taf. Mae llawer o'r llaeth hwn yn cael ei werthu yn yr ardaloedd diwydiannol cyfagos, mae rhywfaint ohono'n cael ei anfon cyn belled â Llundain, ac mae ffatrïoedd menyn yn Hendygwyn a Sain Clêr yn defnyddio llawer iawn o'r llaeth yn ardaloedd y cylch. Methiant hyd yn hyn fu'r ymdrech i sefydlu canolfan laeth gydweithredol yng Nghaerfyrddin. Yn y rhannau mwyaf diarffordd mae'r ffermydd eu hunain yn dal i gynhyrchu eu menyn a'u llaeth eu hunain. Gwerthir y menyn hwn yn y trefi marchnad lleol yn enwedig yng Nghaerfyrddin a Llandeilo. Mae'r rhan fwyaf o'r cig yn cael ei werthu mewn marchnadoedd wythnosol yn y sir, ond mae rhywfaint o werthu'n cael ei wneud yn yr ychydig ffeiriau sy'n parhau. Gwerthir gwartheg stôr a stoc. Caiff defaid hefyd eu magu ar raddfa fawr ac mae gan y sir fwy o foch a cheffylau nag unrhyw ran arall o Gymru. Gwelir hefyd cryn dipyn o gadw ieir a chynhyrchu wyau. Dangosir manylion y cnydau a'r stoc sydd yn y sir yn y tabl canlynol.

Erwau dan gnydau a gwair; a nifer y stoc ar 4 Mehefin 1923

	Erwau
Cyfanswm yr erwau dan gnydau a gwair	413,134
Gwair yn barhaol ar gyfer gwellt	93,922
Gwair yn barhaol ond nid ar gyfer gwellt	251,852
Tiroedd pori garw	93,318
Tir Âr:	
Ceirch	19,812
Barlys	6,301
Ŷd cymysg	5,496
Gwenith	3,787
Meillion a gweiriau mewn cylchdro	22,196
Tatws	2,953
Maip ac erfin	3,235
Mangold	1,099
Cnydau eraill	1,600
Braenar	899
Nifer y ceffylau	22,338
Nifer y gwartheg	117,834
Nifer y defaid	258,116
Nifer y moch	31,781

Mae'r tabl hwn yn dangos yn eglur natur hanfodol fugeiliol yr amaethu – dim ond 16% o'r holl dir a driniwyd a ddefnyddiwyd ar gyfer ffermio âr.

(*The Economics of Small Holdings*, Edgar Thomas, tud. 8-9)

(f) Yn y blynyddoedd rhwng 1900 ac 1939 lledodd gorwelion y ffermwr Cymreig gyda phwyslais newydd ar gynhyrchu ar gyfer y farchnad. Yng nghefn gwlad Dyfed, er enghraifft, bu lleihad mawr mewn ffermio âr a chynnydd mewn cadw da byw a chynhyrchu llaeth. Y digwyddiad pwysicaf o ddigon yn ystod y cyfnod hwn oedd sefydlu'r Bwrdd Marchnata Llaeth yn 1933...

Bu'r newid pwyslais hwn yn fodd i newid y patrwm gwaith ar ffermydd Cymru. Ar ddechrau'r ganrif byddai'r mwyafrif o ffermydd canolig eu maint yn cyflogi dau neu dri gweithiwr a fyddai'n treulio cryn dipyn o'u hamser yn tyfu ac yn cynaeafu cnydau âr, ond erbyn 1933 roedd y gwas fferm yn anghyffredin, ar wahân i'r rhai a gaed ar y ffermydd mwyaf. Erbyn hynny roedd cnydau âr wedi lleihau mewn pwysigrwydd ac felly roedd gwaith traddodiadol y gweithiwr fferm wedi edwino. Ond wrth i gynhyrchu llaeth dyfu mewn pwysigrwydd, cafwyd cynnydd yng ngwaith merched ar y ffermydd. Er gwaethaf cynnydd anferth ym maint y gyrroedd o wartheg, roedd disgwyl o hyd i'r merched ymgymryd â'r holl odro, bwydo'r gwartheg a chlirio'r beudai, yn ogystal â bwydo'r ieir a pharatoi bwyd ar gyfer y teulu.

(*Life and Tradition in Rural Wales*, J. Geraint Jenkins tud.25-26)

3. **Ochr yn ochr â'r newid pwyslais mewn amaethyddiaeth, fe danseiliwyd yn raddol natur hunangynhaliol y gymuned amaethyddol Gymreig. Hwyluswyd hyn gan dwf y farchnad gyda dyfodiad y rheilffyrdd; ac fe newidiwyd holl natur amaethu gan ledaeniad peiriannau amaethyddol. Adlewyrchwyd y newid hwn yn nirywiad crefftau gwledig.**

(a) Hyd at yn gymharol ddiweddar, yr oedd bron pob cymdeithas wledig yng Nghymru yn hunangynhaliol, ac anaml y byddai'n rhaid i'r gwladwr fentro y tu allan i'w ardal ei hun i chwilio am angenrheidiau bywyd. Yr oedd yr ardal wledig yn uned economaidd yn ogystal ag uned gymdeithasol, ac yr oedd bywyd beunyddiol trigolion y wlad yn troi o amgylch cysylltiadau teulu, tylwyth a chymydog. Medrai aelodau'r gymdeithas wledig dyfu rhan fwyaf y bwyd a fyddai angen ar drigolion ardal; yr oedd gan y gwladwr gaeau, gerddi a pherllannau a roddai iddo gyflawnder o ŷd, llysiau a ffrwythau. Yr oedd ganddo anifeiliaid a roddai iddo gig, llaeth a chrwyn. I drin y tir a chynaeafu'r cynnyrch, dibynnai'r amaethwr ar amrywiaeth o offer llaw ac ar gydweithrediad llu o gymdogion a ddôi i bob fferm i roi help llaw ar achlysuron pwysig, fel y cynaeafau gwair, ŷd a thatws. Yn aml, telid dyledion rhwng ffermwr a ffermwr trwy gyfnewid diwrnod o waith, a thelid y cymdogion oedd heb dir trwy roddi iddynt fenyn neu ŷd, llwyth o dail i'r ardd, neu'r hawl i blannu tatws yng nghae'r cymydog o ffermwr. Anaml iawn y byddai arian yn pasio rhwng ffermwr a'i gymydog, canys cymdeithas agos, gydweithredol oedd cymdeithas Cymru wledig...

I weld arwyddocâd crefft mewn ardal wledig, gadewch i ni edrych ar dri phentre – Defynnog yn Sir Frycheiniog, Niwbwrch yn Sir Fôn a Rhydlewis yng Ngheredigion.

Yn 1910 yr oedd yn *Nefynnog* y crefftwyr canlynol:

1 Saer olwynion, 2 Felinydd, 1 Gof, 3 Saer dodrefn a thurniwr coed, 2 Saer coed, Cyfrwywr, 2 Saer maen, Teiliwr. Yr oedd yno felin wlân a melin lifio coed.

Yn *Niwbwrch* yn 1900 yr oedd:

6 Saer maen, 10 Saer, 1 Adeiladwr cychod, 2 Wydrwr, 2 Blastrwr, 2 Of, 5 Gwneuthurwr esgidiau. Yr oedd yno felin wlân a thua ugain o bobl yn plethu môrhesg.

Tua diwedd y ganrif ddiwethaf yr oedd gan ardal *Rhydlewis* y crefftwyr canlynol:

1. Naw saer gwlad – crefftwyr a fedrai ateb holl ofynion y gymdeithas wledig am waith coed. Medrent wneud holl offer y fferm; yr oeddynt yn seiri olwynion ac eirch; medrent adeiladu a thrwsio tai ac adeiladu dodrefn a phethau i'r tŷ.
2. Yr oedd gof yn efail y Brithdir, ac fel rheol yr oedd ganddo brentis neu ddau hefyd.

3. Ar ben rhiw Tŵr-gwyn yr oedd hwper a'i fab wrth eu gwaith; crefftwyr a atebai ofynion y gymdeithas am fuddeiau ymenyn a llestri caws, am gasgenni ac am fwcedi.
4. Ym Mhenrhiw-pâl yr oedd basgedwr wrth ei waith, crefftwr a wnâi wyntelli i gario bwyd i'r anifeiliaid ac i gario'r tatws o'r cae.
5. Yn agos i sgwâr y pentref yr oedd tanerdy lle byddid yn trin crwyn anifeiliaid o ffermydd yr ardal er mwyn cynhyrchu lledr i'w ddefnyddio gan y ddau sadler, y chwe chrydd, a'r tri chlocsiwr a weithiai mewn gweithdai cyfagos.
6. Yn y Moelon yr oedd ffatri wlân, ac mewn gweithdy cyfagos yr oedd dau neu dri wrth y grefft o wneud pinnau.
7. Heblaw'r rhain yr oedd saer maen yn y pentre, yr oedd saith o wehyddion yn gweithio yn eu cartrefi, pump o deilwriaid, dwy felin flawd, a phobydd.

Dyna ddarlun clir o ardal wledig fel uned economaidd a chymdeithasol, darlun a barhaodd yng Nghymru wledig hyd ddiwedd y bedwaredd ganrif ar bymtheg.

Sut bynnag, dilewyd y darlun hwn o'r ardal hunangynhaliol yn gyflym iawn, canys erbyn 1912 ychydig a arhosai o grefftwyr Rhydlewis. Yn y flwyddyn honno daeth y cymeriad grymus ac uniongred hwnnw, y Parch. John Green, yn weinidog ar eglwys Tŵr-gwyn. Yn ystod ei weinidogaeth cafodd effaith fawr ar fywyd y pentref, a'i waith cyntaf wedi dyfod i Rydlewis oedd paratoi deiseb i gau Tafarn Bwlch-gwyn, neu i roi'r enw swyddogol arni, y 'Gwernant Arms'. Arwyddwyd y ddeiseb hon gan bob un ond pedwar o drigolion yr ardal, ac yn ffodus dros ben cawn alwedigaeth pawb a arwyddodd. Erbyn hyn cawn:

4	Teiliwr	6	Saer
1	Gwehydd	3	Saer Maen
2	Felinydd	1	Pobydd
1	Crydd	1	Sadler
1	Hwper		

Erbyn hyn yr oedd y tanerdy, y ffatri wlân a'r ffatri binnau wedi cau; yr oedd gweithdy'r crydd lle y gweithiai saith o gryddion a chlocswyr wedi diflannu, ac yn wir tipyn prinnach oedd y crefftwyr a oedd mor gyffredin ddeuddeg mlynedd cyn hynny.

Erbyn heddiw, wrth gwrs, prin iawn yw crefftwyr Rhydlewis, er bod rhai o'r seiri a'r masiyniaid a'r teilwriaid wrth eu gwaith o hyd. Mae ysbryd yr oes unwedd hon wedi llwyr ddistrywio'r uned economaidd a chymdeithasol a oedd mor gyffredin yng Nghymru yn y dyddiau gynt.

Nid oedd y trefydd marchnad ychwaith yn brin o grefftwyr. Yn 1830 er enghraifft yr oedd y crefftwyr canlynol yn nhref *Aberteifi*:

3	phobydd	13	crydd
2	hwper	2	hetiwr
3	gwneuthurwr rhaffau	5	gwniadyddes
2	hetiwr (gwellt)	1	gof angorion
2	wehydd	4	gof
2	saer dodrefn	3	lledrwr
3	llosgwr calch	3	chyfrwywr
2	adeiladydd llongau	2	wneuthurwr blociau (*pulleys*)
7	saer		
4	gwydrwr	5	bragwr
2	argraffwr	3	gwneuthurwr hwyliau

neu yn *Hwlffordd,* Sir Benfro yn 1840:

13	pobydd	3	saer cerbydau
10	paratowr brag	13	gof
4	hwper	1	llosgwr calch
16	crydd	10	lledrwr
4	melinydd	5	bragwr
3	menygwr	5	cyfrwywr
11	saer	4	hetiwr
2	wneuthurwr rhaffau	4	saer maen
7	hetiwr (gwellt)	15	teiliwr
8	barcer	5	clociwr
1	gwneuthurwr 'staes'	1	gwneuthurwr cyllyll
1	gwneuthurwr papur	1	torrwr corc
1	gwehydd	1	gwneuthurwr ymbarelau

Ar ddiwedd y rhyfel byd cyntaf, ac yn enwedig ar ddiwedd yr ail, daeth newidiadau enfawr i gefn gwlad Cymru. Mecanyddiwyd amaethyddiaeth ymron yn gyfangwbl, ac erbyn hyn ychydig iawn a ddibynna'r amaethwr unigol ar gymorth cymdogion ar achlysuron pwysig yn y flwyddyn ac ychydig a ddibynna hefyd ar farchnad leol i ddosbarthu ei gynnyrch. Mae'r offer a ddefnyddia ymron yr un fath â'r offer a ddefnyddir trwy Brydain, ac nid yw'n dibynnu bellach ar grefftwyr lleol i ateb ei ofynion am angenrheidiau bywyd. Nid yw'r ardal bellach naill ai'n uned economaidd nac yn uned gymdeithasol, ac mae cynnyrch ffatrïoedd mawrion yr ardaloedd diwydiannol o fewn cyrraedd y fferm anghysbell yn y mynyddoedd. Mae'r papurau newydd a'r teledu yn annog y gwladwr i brynu nwyddau sydd yr un fath ymron ymhob rhan o Brydain os nad yng ngorllewin Ewrop, tra bod trafnidiaeth fodern yn medru cario'r nwyddau hynny yn gyflym o'r ffatri i'r wlad. Nid yw'r crefftwr bellach yn aelod hanfodol o'r gymdeithas wledig fel y bu, ac nid yw'r gwladwr yntau yn edrych tuag at ei gymdeithas ei hun am yr hyn sydd arno ef a'i deulu eu heisiau.

Yn sicr cyfrannai'r crefftwr at naws a chymeriad y cymdeithasau gwledig, ac yn aml iawn gweithiai mewn traddodiad a ellid ei olrhain yn ôl am gannoedd o flynyddoedd; traddodiad a wahaniaethai'n fawr o un ardal i'r llall.

(*Crefftwyr Gwlad*, J. Geraint Jenkins tud.1 ac 8-11)

(b)

Geler Jones, Ceredigion, cyfrwywr yn 1970
(*Life and Tradition in Rural Wales*,
J. Geraint Jenkins, llun 108)

(c)

Thomas James, Skyfog ger Tyddewi,
clocsiwr yn 1970
(*Life and Tradition in Rural Wales*,
J. Geraint Jenkins, llun 109)

(ch)

Clocswyr teithiol – John Weaver a David Pugh, Talybont, Ceredigion, tua 1920
(*Life and Tradition in Rural Wales*, J. Geraint Jenkins, llun 110)

(d)

Gwneud menyn – Mrs Thomas o Arosfa, Maes-Llyn, Ceredigion
(*Life and Tradition in Rural Wales*, J. Geraint Jenkins, lluniau 120, 121)

(dd)

Buddai menyn
(*Life and Tradition in Rural Wales*,
J. Geraint Jenkins, llun 119)

(e) Yn fwy na dim arall, fodd bynnag, mecaneiddio oedd nodwedd amlycaf y cyfnod hwn: mecaneiddio a gyfrannodd nid yn unig at ddiboblogi ond a effeithiodd hefyd ar fywyd cymdeithasol cefn gwlad ym mhob un o'i amryfal agweddau. Yn ystod blynyddoedd cynnar y ganrif ymddangosodd y peiriant lladd gwair am y tro cyntaf gan ddisodli'r defnydd o'r pladur ar y ffermydd mwy ar gyfer cynaeafu gwair ac ŷd. Nid oedd angen mwyach y minteioedd o ffermwyr a thyddynwyr i gynaeafu'r ŷd a'r gwair, oherwydd y gallai'r ffermwr wneud y gwaith hwn yn gyflym ar ei liwt ei hun heb fawr ddim cymorth. Fodd bynnag, roedd angen cryn dipyn o fuddsoddiad cyfalaf cyn y gellid prynu peiriant o'r fath. Llwyddwyd i oresgyn y broblem drwy ymdrech gydweithredol, lle byddai grwpiau o hanner dwsin o ffermwyr yn crynhoi eu hadnoddau er mwyn prynu'r peiriannau newydd. Byddai pob fferm yn ei thro yn cael y cyfle i ddefnyddio'r peiriant, gyda phob un yn cyflenwi llafur ychwanegol adeg y cynhaeaf ar gyfer y ffermydd eraill yn y grŵp. Erbyn 1910 roedd y peiriant medi wedi cymryd lle'r peiriant lladd gwair ar lawer o ffermydd a golygai hynny nad oedd angen mwyach y gweithwyr ychwanegol i glymu'r ŷd yn ysgubau. Oherwydd bod y peiriant medi yn ddrytach o lawer na'r peiriant lladd gwair, bu'n rhaid rhannu ei berchenogaeth ymysg dwsin neu fwy o ffermydd yn y cylch. O ran cynaeafu grawn, ychydig o newidiadau technolegol a welwyd rhwng 1914 ac 1950, a thrwy gydol y cyfnod parhaodd ffermydd i gydweithio â'i gilydd.

(*Life and Tradition in Rural Wales*, J. Geraint Jenkins, tud. 26-27)

Mae'r lluniau canlynol yn dangos yr effaith a gafodd peiriannau ar natur y bywyd gwledig rhwng 1880 ac 1920.

(f)

Ffustio ym Mhen-y-garn, Alltwalis, Dyfed, tua 1890
(*Life and Tradition in Rural Wales*, J. Geraint Jenkins, llun 14)

(ff)

Nithio grawn
(*Life and Tradition in Rural Wales*, J. Geraint Jenkins, llun 15)

(g)

Dyrnu trwy ddefnyddio ynni stêm ym Mhenmaen Uchaf, Pantglas, Y Bala, yn 1916
(*Life and Tradition in Rural Wales*, J. Geraint Jenkins, llun 16)

(ng)

Casglu a chlymu ŷd yn Sir Gaerfyrddin, tua 1898
(*Life and Tradition in Rural Wales*, J. Geraint Jenkins, llun 5)

(h)

Casglu ceirch, tua 1900
(*Life and Tradition in Rural Wales*, J. Geraint Jenkins, llun 6)

(i)

Casglu gwair, Gogledd Sir Gaerfyrddin, tua 1910
(*Life and Tradition in Rural Wales*, J. Geraint Jenkins, llun 10)

(j)

Cario gwair, Blaencorrwg, Morgannwg, tua 1910
(*Life and Tradition in Rural Wales*, J. Geraint Jenkins, llun 11)

(1) 

Medi gyda chryman, Sir Frycheiniog, 1931
(*Life and Tradition in Rural Wales*, J. Geraint Jenkins, llun 7)

(11)

Blwyddyn	Ceffylau gwaith (miloedd)	Arwynebedd am bob ceffyl gwaith	
		Cnydau (Erwau)	Gwair sych (Erwau)
1901	99.7	5.1	7.4
1911	101.2	4.6	8.0
1918	95.8	8.0	7.3
1921	94.2	5.3	7.8
1931	78.4	4.3	10.2
1939	72.7	4.0	10.6

(*The Agriculture of Wales and Monmouthshire,* A.W. Ashby ac I.L. Evans, tud. 36)

(m)

Cynaeafu gyda pheiriant medi a thractor, 1931
(*Life and Tradition in Rural Wales*, J. Geraint Jenkins, llun 8)

4 **Mae'r ffynonellau nesaf yn dangos y modd yr oedd dulliau gwerthu y gymdeithas amaethyddol Gymreig yn newid. Ochr yn ochr â'r ffeiriau traddodiadol roedd y rheilffordd yn cynrychioli ffordd newydd o werthu cynnyrch y fferm, ac roedd hyn yn ei dro yn ergyd arall i blwyfoldeb yr economi lleol Cymreig.**

(a) Mae'r detholiadau canlynol o'r dystiolaeth a gyflwynwyd i ni yn siarad drostynt eu hunain: Dywedodd Mr David Davies o Ryblid Myddfai wrthym yn Llandeilo: 'Rwy'n cael fy ngwrteithiau artiffisial o Birkenhead a Wednesbury, ac mae gofyn i mi dalu rhwng 17s 6 cheiniog ac 8s 6 cheiniog mewn taliadau rheilffordd...'

Dywedodd Mr Rule Owen o Hwlffordd fod taliadau rheilffordd yn effeithio'n fawr ar y cyfleusterau ar gyfer cludo a gwerthu cynnyrch amaethyddol yn ei ardal ef...

Gofynnwyd i'r Uwchgapten Sandbach o Hafodunos a oedd taliadau'r rheilffordd yn uchel. Atebodd yntau, 'Ydynt, maent yn wirioneddol uchel. Rwy'n credu y dylent gael eu gostwng.' Ychwanegodd, 'Ar hyn o bryd mae'n rhatach anfon cynnyrch o Lerpwl i Lundain nag o fan hyn i Lerpwl...'

Rhoddodd Mr Walter Evans, ffermwr a gwerthwr gwartheg yn Hwlffordd dystiolaeth bwysig iawn ynglŷn â'r taliadau ar gyfer cludo gwartheg... Dywedodd ei fod wedi talu £8 4s 11 ceiniog i gyrchu 10 buwch o Aberdaugleddau i Berwick yn Sussex. I gyrchu gwagen fawr o Glynderwen i Steyning, ger Brighton, roedd y tâl wedi codi o £6 1s i £7 5s 8 ceiniog.

(*Report of the Royal Commission on Land in Wales and Monmouthshire, 1896*, tud. 821-822)

(b)

Marchnad Aberhonddu ddechrau'r ganrif – defaid a moch
(*Atlas Brycheiniog*, tud.71)

(c)

Mart Aberhonddu heddiw – gwartheg
(*Atlas Brycheiniog*, tud. 71)

(ch) Sefydlwyd amryw ffeiriau, fel un Llanfair-ym-Muallt, gan y Normaniaid. Edrychwch amdanynt ar y map [*gweler* **4(d)**]. Rhaid oedd i drigolion y dref gael siartr gan y brenin neu arglwydd cyn y gellid cynnal marchnadoedd. Cafodd ambell ffair enw arbennig; er enghraifft, gelwid Ffair Galan Gaeaf Aberhonddu, a gynhelid gynt ar Ddydd Gŵyl Sant Leonard, Tachwedd 6, yn *Grand Mart of South Wales*.

Tyfodd nifer o ffeiriau o hen arferion y Cymry, megis ffair ferlynnod Llangamarch ym mis Hydref. Cesglid y mwyafrif o ferlynnod Mynydd Epynt i'r ffair hon i'w gwerthu. Ond er bod ffair yn cael ei sefydlu i bwrpas arbennig, fel gwerthu defaid neu wartheg, nid dyna'r unig bethau a werthid yno. Byddai yno esgidiau a chlocsiau a dillad, planhigion, llestri, a llawer iawn o nwyddau eraill. Gwerthid yno hefyd ddigon o fwydydd da megis cawl a the a phwdin reis, teisennau cyrrens, ffrwythau, a chyflaith. Serch hynny, dyma oedd profiad un hen wraig o'r sir:

'Diflas dowlod heb ddim gwair,
A diflas ffair heb arian.'

Adeg calan gaeaf byddai tymor gwaith gweision a morynion ffermydd yn dod i ben. Byddai rhai yn aros ymlaen ar y fferm am dymor arall. Byddai eraill am newid lle, ac aent i'r ffair ac aros yn rhesi hirion yn ymyl y ffordd. Yna deuai'r ffermwyr a'u gwragedd a cherdded yn ôl ac ymlaen gyda'r rhesi i ddewis gwas neu forwyn.

Nid prynu, gwerthu a chyflogi yn unig a wnaed yn y ffeiriau. Dyma gyfle mawr y flwyddyn i ffermwyr ac eraill gwrdd i siarad â'i gilydd. Yn ogystal â hynny, ceid hwyl a sbri wrth wylio mabolgampau fel neidio a thaflu codwm.

Cymeriad poblogaidd iawn yn y ffair bob amser oedd y baledwr. Byddai ef yn crwydro o ffair i ffair i ganu baledi am y newyddion diweddaraf, a chanu rhigymau doniol am hwn a'r llall. Os byddai rhywbeth diddorol yn digwydd mewn ardal neu bentref, byddai'r baledwr yn siŵr o glywed amdano a nyddu baled yn ei gylch. Yna, ar ôl ei chanu yn y ffair, gwerthai gopïau o'r faled a byddai'r bobl yn tyrru i'w phrynu er mwyn ei chanu yn eu cartrefi i'w hatgofio am hwyl a sbri'r ffair.

Yr oedd cysylltiad agos ambell waith rhwng y ffeiriau a gwyliau'r seintiau, er enghraifft, Ffair Fai Aberhonddu a gynhelid adeg gŵyl Eglwys Sant Ioan Efengylydd y Tu Allan i'r Porth Lladin, ar Fai 6. Cynhelid y ffeiriau hyn yn aml ar dir yr eglwys, ac nid oedd yn ddim byd anghyffredin i weld dyn yn defnyddio carreg fedd fel stondin.

Noson afreolus fyddai noson y ffair gan amlaf, ac yn fynych iawn byddai'r dynion yn meddwi, yn cweryla ac yn ymladd â'i gilydd. Am hynny yr oedd llawer o bobl yn groes i rialtwch y ffeiriau, yn enwedig yn adeg y Diwygiad Methodistaidd.

Gyda'r chwyldro amaethyddol cynnar a'r chwyldro diwydiannol daeth ffeiriau Cymreig godre'r sir i fri, ond yn raddol daeth y mart a'r farchnad i gymryd lle'r bargeinio; ac erbyn heddiw y mae'n ddigon cyfleus i bobl fynd gyda'r bws neu gar i'r dref agosaf i brynu popeth.

(*Atlas Brycheiniog,* tud. 73)

(d) FFEIRIAU

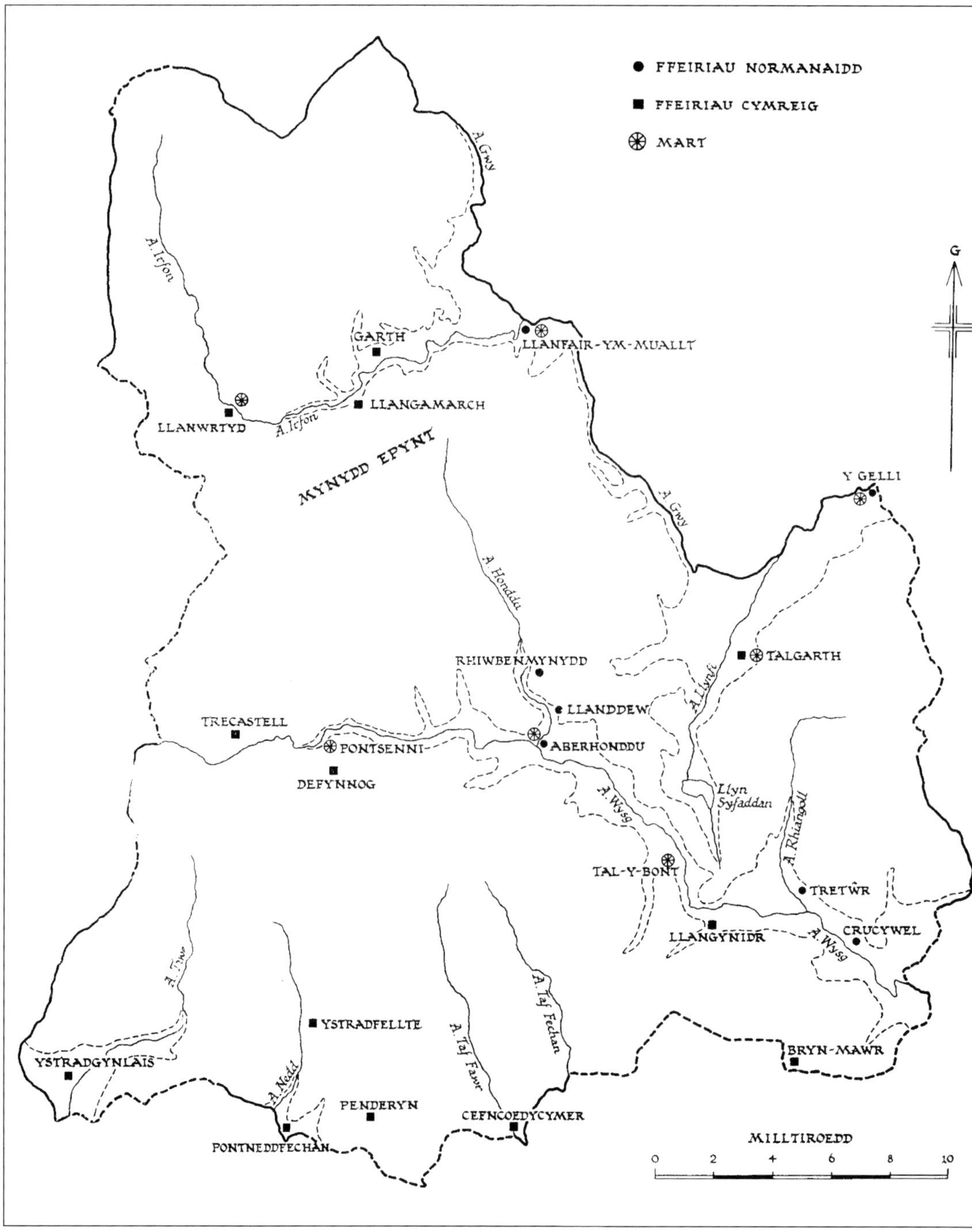

(*Atlas Brycheiniog*, tud. 70)

(dd)

Un o bedair ffair flynyddol Llanybydder, Sir Gaerfyrddin
(*Cymru – Oes Fictoria ac Edward VII o Hen Ffotograffau*, E.D. Jones, llun 65)

(e)

Arwerthiant ceffylau yn Llanrhaeadr ym Mochnant
(*Cymru – Oes Fictoria ac Edward VII o Hen Ffotograffau*, E.D. Jones, llun 66)

(f)

Ffair y Drenewydd ym Maldwyn, tua 1900
(*Cymru – Oes Fictoria ac Edward VII o Hen Ffotograffau*, E.D. Jones, llun 67)

RHAN D
MERCHED YN Y GYMRU WLEDIG

Mae'r dystiolaeth ganlynol yn dangos y rôl a chwaraewyd gan ferched yn y Gymru wledig.

(a) Yn ystod ail hanner y bedwaredd ganrif ar bymtheg cyflogid rhyw gymaint o ferched mewn gwaith awyr agored, ond roedd y rhain bron wedi diflannu'n gyfan gwbl erbyn y cyfnod rhwng y ddau ryfel byd. Byddai'r weithwraig nodweddiadol yn rhannu ei hamser rhwng y tŷ a'r llaethdy gyda dyletswyddau rheolaidd yn y beudai a'r buarth. Roedd pwysigrwydd ei gwaith fwyaf amlwg yn y cyfnod pan oedd gwneud menyn yn ei anterth ac yn y nifer llai o ffermydd lle y câi caws ei wneud. Hefyd rhoddai merched gryn gymorth adeg cyfnodau prysuraf y flwyddyn, megis adeg casglu'r cynhaeaf ŷd a gwair ac adeg plannu a chasglu tatws. Yn sgil dyfodiad peiriannau cynhaeaf a chyda'r pwyslais cynyddol ar werthu llaeth, bu lleihad yn y galw am y llafur cynorthwyol hwn, ond mewn llawer o ffermydd parhaodd merched i fod yn gyfrifol am y godro, am fagu lloi, am ofalu am yr ieir ac weithiau am y moch. Ar y llaw arall, gyda thwf cyflym y dosbarth canol yn y trefi, gallai merched gweithwyr fferm a mân amaethwyr fanteisio ar y cyfleoedd galwedigaethol newydd a grewyd gan y galw cynyddol am forynion. O ganlyniad i'r newidiadau pellgyrhaeddol hyn, bu ymfudo ymysg merched ifanc o rannau helaeth o'r Gymru wledig yn fwy trawiadol nag a fu ymysg dynion ifanc.

(*The Agriculture of Wales and Monmouthshire*, A.W. Ashby ac I.L. Evans, tud. 76)

(b)

Gweithio gyda buddai,
Sir Gaerfyrddin, tua 1880
(*Life and Tradition in Rural Wales*,
J. Geraint Jenkins, llun 117)

(c)

Gwneud menyn,
Sir Gaerfyrddin, tua 1880
(*Life and Tradition in Rural Wales*,
J. Geraint Jenkins, llun 118)